안전신화의 붕괴

후쿠시마 원전사고는 왜 일어났나

안전신화의 붕괴
후쿠시마 원전사고는 왜 일어났나

안전신화의 붕괴
후쿠시마 원전사고는 왜 일어났나

안전신화의 붕괴
후쿠시마 원전사고는 왜 일어났나

안전신화의 붕괴

후쿠시마 원전사고는 왜 일어났나

안전신화의 붕괴

후쿠시마 원전사고는 왜 일어났나

—

인쇄 2015년 3월 5일 1판 1쇄 **발행** 2015년 3월 10일 1판 1쇄

지은이 하타무라 요타로·아베 세이지·후치가미 마사오 **옮긴이** 김해창·노익환·류시현
펴낸이 강찬석 **펴낸곳** 도서출판 미세움 **주소** (150-838) 서울시 영등포구 도신로51길 4
전화 02-703-7507 **팩스** 02-703-7508 **등록** 제313-2007-000133호
홈페이지 www.misewoom.com

정가 15,000원

—

이 도서의 국립중앙도서관 출판예정도서목록(CIP)은 서지정보유통지원시스템 홈페이지(http://seoji.nl.go.kr)와
국가자료공동목록시스템(http://www.nl.go.kr/kolisnet)에서 이용하실 수 있습니다.
CIP제어번호: CIP2015002833

—

ISBN 978-89-85493-89-5 93330

잘못된 책은 구입한 곳에서 교환해 드립니다.

안전 신화의

후쿠시마 원전사고는
왜 일어났나

하타무라 요타로·아베 세이지
·후치가미 마사오　　공저

김해창·노익환·류시현　공역

붕괴

美세움

한국어판 번역을 마치면서

'제2의 후쿠시마 참사가 이 땅에 일어나지 않도록 하기 위하여
후쿠시마 원전사고의 교훈을 잊어선 안 된다'

2011년 3월 11일 후쿠시마 원전참사는 인류에게 핵발전이란 무엇인가를 보여주는 문명사적인 대사고라 할 수 있다. '원자력의 평화적 이용'이나 '원전안전' 신화가 단번에 무너지고 천문학적 피해를 초래한 인류사적 비극이 그것도 세계 최고의 기술입국을 자랑하던 일본에서 발생한 것이다. 그날 나는 일본 출장길로 오전에 나리타공항에 내려 도쿄 신주쿠에 여장을 풀고 이날 오후 2시 46분 세타가야 구 주택가에 접어드는 순간 동일본대지진을 만났다. 일본에 1년 정도 거주해본 경험이 있어 웬만한 지진에는 익숙해져 있었지만 이날 지진은 생명의 위협을 느낄 정도로 크게 느껴졌다. 더 큰 문제는 이날 밤 일본인 지인과 함께 TV를 통해 접한 쓰나미의 엄습과 연이은 후쿠시마 원전의 사고 발생이었다.

그 뒤 한국에 돌아와서 거의 한 달 동안 동일본대지진과 쓰나미, 후쿠시마 원전사고의 생중계를 지켜보았다. 그리고 나서 1년, 2년, 3년이 흘렀다. 그런데 우리나라 정부나 원전당국 그리고 언론은 후쿠시마는 여전히 '남의 일'이었다. 후쿠시마 사고의 교훈을 깊이 생각하지 않는 것 같았다.

'한국은 일본과 달리 지진이나 쓰나미에 안전하다' '일본의 심각한 관료사회가 문제이다' '우리나라 원전은 기술적으로 안전하다'는 말만 되풀이 될 뿐이었다. 후쿠시마 참사 이후 시민들의 원전에 대한 불안감은 높아갔지만 우리나라에서 원전의 안전신화는 여전히 건재했다.

후쿠시마 원전은 원전사고이지만 체르노빌 사고와는 다른 특징이 있다. 첫째, 사고가 복합원인에 의한 것이라는 점이다. 지진과 쓰나미가 겹쳤고, 게다가 이런 상황을 예상하지 못한 인재가 자리 잡고 있었다. 둘째, 원자로가 1기가 아닌 3~4기에 수소폭발 노심용융이 동시에 발생한 사실이다. 따라서 이는 핵단지화의 위험성을 일깨우고 있다. 그리고 셋째, 피해의 광범성이다. 피해 범위가 사실상 일본 국토의 절반으로 확산됐다는 것이다. 넷째, 피해복구의 불가역성이다. 큰 전쟁이 나도 곧 사람이 들어가서 살 수 있지만 후쿠시마 일대는 최소한 30~40년은 사람이 살 수 없게 됐다는 사실이다. 그렇게 깐깐하기로 소문난 일본의 매뉴얼사회에서도 조금만 신경 쓰면 알 수 있었던 '지진+쓰나미'에 대한 대비가 없었던 것이다.

한편 2014년 4월 16일 우리나라에선 고교생 수학여행단 등을 태우고 가던 세월호가 침몰해 무려 304명이 희생되는 대참사가 있었다. 여기에서 우리 국민들이 느낀 것은 아무런 구조활동을 펼치지 못하는 정부의 무능함이었다. 이와 함께 우리 국민들에겐 이러한 세월호 참사와 같은 일이 '원전사고'로 이어질 수 있다는 우려로 자연스레 연결됐다.

일본을 틈틈이 오가며 일본 지인들과 교류해오던 나는 후쿠시마 사고와 관련돼 쏟아져 나온 엄청난 양의 책들을 접하게 됐다. 그러한 과정에서 손에 들어온 것이 『후쿠시마원전사고 정부사고조사위원회 핵심해설서』이다.

실제로 후쿠시마 원전사고와 관련된 조사위원회는 민간, 도쿄전력, 국회, 정부가 주체가 된 4개의 조사보고서가 나왔다. 하나의 사고를 두고 주체가 다른 4개의 사고조사위가 꾸려진 것도 유례가 없는 일이다. 이 중 가장 먼저 나온 것이 2012년 2월에 나온 민간사고조사위이다. '일반재단법인 일본재건이니셔티브'가 설립한 것인데, 6명의 위원과 30명의 스태프가 300명의 관계자를 인터뷰해 400페이지 보고서로 정리한 것이다. 이 보고서는 도쿄전력 관계자로부터 인터뷰를 거부당하기도 했으나 전면철수 방침을 가졌던 도쿄전력에 강력한 의지를 표명한 것은 높이 사지만 문제는 사고조사위의 경비의 출처가 명확하지 않아 신뢰도가 떨어졌다는 평이 있다. 다음은 그해 6월에 나온 도쿄전력의 사고조사위원회 보고서이다. 현장 상황에 밝은 당사자의 원인 규명에 일말의 기대도 있었지만 '모든 것이 예상외의 쓰나미로 인한 사고로, 도쿄전력의 대응은 최선을 다했다'는 식의 무책임한 내용으로 일관해 자기변명에 불과했다는 비판을 받았다.

그해 7월 상순에 나온 국회사고조사위원회 보고서는 국회의 국정조사권을 배경으로 구성됐기에 10명의 위원과 스태프가 15억 엔의 예산을 사용해 모두 1,167명의 청취를 통해 정리한 640쪽에 이르는 방대한 보고서였다. 주요 관계자 38명의 참고인 소환 내용을 모두 공개한 것과 사고는 모두 인재로 최대의 원인은 규제하는 측원자력안전보안원 및 원자력안전위원회이 규제당하는 측전력회사의 포로가 돼 있었기 때문이라고 판단했다. 그리고 그해 7월 하순에 나온 정부조사위원회 보고서는 10명의 위원과 약 40명의 스태프가 4억 엔의 예산으로 800페이지가 넘는 보고서를 정리했다. 사고의 배경과 안전문화의 결여에 관한 고찰이 예리한 것이 특징이다. 그러나 이 보고서 또한 원인의 규명과 지진 후의 대응의 문제점에 관한 분석은 다소 부족하다는 지적도 있다.

이 4개 보고서 모두 원인의 규명은 확실하지 않은 채 누가 사고의 책임을 질 것인가, 책임추궁이 일절 없었다는 것이 문제라고 지적하며 일본과학기술저널리스회의가 2013년 1월에 『4가지 원전사고조사위원회를 비교검증한다』라고 하는 책자를 펴내기도 했다.

그런데 이들 보고서 가운데서 일반국민이 봤을 때 가장 이해하기 쉬운 것이 정부조사보고서라고 할 수 있다. 이 정부조사보고서에서는 일본의 안전신화가 어떤 것이었는지, 사전에 왜 원전의 쓰나미대책이 부족했는지, 실제 원전사고에 따른 대피 노력이 어떠했는지, 국민들의 원전에 대한 생각이 어떻게 달라져야 하는지 등을 나름 상세히 써놓았기에 우리나라 국민들이 후쿠시마 원전사고의 전체상을 이해하는 데 큰 도움이 될 것으로 보았다. 그리고 특히 이 정부조사위원회의 위원장인 하타무라 요타로 도쿄대 명예교수의 '후쿠시마 사고의 7가지 교훈'이 세월호 이후 우리나라 상황에 특히 호소력이 있어 이 책을 번역하는 것이 좋겠다고 결심했다.

그래서 지난 봄 가능한 한 책을 빨리 출판하고 싶은 마음에 부산참여자치연대의 (사)시민정책공방 도시환경안전센터 연구위원원이면서 일본에서 오래 공부한 노익환·류시현 박사와 함께 센터 차원에서 공동번역을 하기로 했다. 처음에는 1·2장, 3·4장, 5·6장으로 부분을 나눠 가능한 한 빨리 번역을 하려고 했는데 전문용어 등을 일반인이 알기 쉽게 어떻게 풀 것인가를 고민하며 번역자간에 윤독을 하다 보니 생각보다 시간이 많이 흘렀다.

2015년 3월이 되면 후쿠시마 참사 4주년이 된다. 우리나라의 가장 낡은 원전인 고리1호기가 30년 설계수명을 다했음에도 불구하고 2007년에 10년 연장을 하였고, 지금 다시 10년을 더 연장해 50년간 가동하려는 움직임이 일고 있고, 2012년에 30년 설계수명이 끝난 월성1호기도 원전당국이 폐로를 결정하지 않고 수명연장을 추진하고 있다. 특히 고리1호기의 경우 2015년 6월이 재연장의 마지노선이다. 그래서 나는 탈핵에너지교수모임 공동집행위원장으로서 부산지역에서 '고리1호기 폐쇄운동'에 적극 나서고 있다. 지난 11월부터 매주 토요일 지역시민단체 및 종교단체 등과 연대해 '고리1호기 폐쇄를 위한 시민행진'이란 것을 하고 있다. 이는 적어도 2015년 6월까지는 지속적으로 해나갈 것이며, 향후 범시민 단체가 결성돼 더욱 가열찬 싸움으로 이어져 적어도 위험한 노후원전의 재연장만은 우리 시민 손으로 막아야 한다는 것을 후쿠시마 참사와 세월호 참사를 보면서 다짐하고 있다.

이 책이 진정 우리나라에 원전의 안전신화를 깨고, 새로운 안전문화를 만드는 교훈서가 되길 빈다. 어려운 출판 여건에서도 이 책의 발간을 결정해주신 미세움 강찬석 대표님과 어려운 용어를 독자들이 이해할 수 있도록 쉽게 풀어쓰고 꼼꼼히 편집해주신 임혜정 편집장님에게 진심으로 고마운 마음을 전한다.

이제 더 이상 원전의 안전불감증에 머물러 있어서는 안 된다. 원전의 '안전신화'에서 과감히 벗어나야 한다. 세월호 참사를 보는 마음으로 우리 모두 노후화된 핵발전소에서부터 지금 당장 탈출해야 한다.

미래는 예측하는 것이 아니라 선택하는 것이다.

2015년 1월 25일
번역자를 대표하여
김해창 쓰다

머리말

2011년 3월 11일 도호쿠 지방 태평양 연안 지진과 함께 발생한 쓰나미로 인해 도쿄전력 후쿠시마 제1원자력발전소후쿠시마 제1원전에서 지금껏 겪어보지 못한 사고가 발생한지 이미 2년이 지났다. 관계자들이 필사적으로 노력한 결과, 원전은 원자로 압력용기의 주변 온도를 100℃ 이하로 유지하고 방사성물질 유출도 막은 '냉온정지 상태'라고는 하나, 삶의 터전을 빼앗긴 16만여 명의 피난주민과 오염문제 등 사태수습은 여전히 오리무중인 상태이다.

사고 후 2011년 5월 24일, 정부는 내각결정에서 '도쿄전력 후쿠시마원자력발전소 사고조사검증위원회'약칭: 정부사고조사위를 설치하기로 하였다. 설치 목적은 후쿠시마 제1원전과 후쿠시마 제2원자력발전소후쿠시마 제2원전의 '사고원인 및 해당사고로 인한 피해원인을 규명하기 위한 조사검증을 국민의 눈높이로 공개적이고 중립적인 입장에서 여러모로 실시함으로써 해당사고로 인한 피해의 확대 방지 및 동종사고의 재발 방지 등에 관한 정책을 제언하는 것'으로 규정하였다.

당시의 간 나오토菅直人 총리가 이 책의 필자인 하타무라 요타로畑村洋太郎를 위원장으로 지명하였다. 또한 하타무라가 정부사고조사위의 기술자

문으로 이 책의 필자인 아베 세이지安部誠治와 후치가미 마사오淵上正郎를 임명하였다.

정부사고조사위는 2011년 6월 7일 제1회 위원회 개최 이후 후쿠시마 제1원전 및 후쿠시마 제2원전을 비롯한 현지 시찰, 관련 지역 지자체 단체장 및 주민과 관계자에게 의견대상자 772명을 듣고, 2011년 12월 26일에 「중간보고」를, 2012년 7월 23일에 「최종보고」를 정리하여 후쿠시마 설명회를 가진 뒤 2012년 9월 28일 내각의 결정으로 해산하였다.

정부사고조사위의 「중간·최종보고」www.cas.go.jp/jp/seisaku/icanps에는 발생한 사실에 대한 조사결과가 아주 정확하게 기재되어 있다. 그러나 두 권짜리 보고서는 총 1500쪽에 이르고 책자의 두께도 8cm나 된다. 이런 방대한 보고서를 일반인들이 읽고 이해한다는 것은 도저히 무리일 것이다. 비유해 보자면, 보고서에 기재되어 있는 사실은 밭에 심어 놓은 감자와 우엉을 뽑아 야채가게에 진열해놓은 것과 같은 것이다. 감자나 우엉은 조리하지 않으면 맛있게 먹을 수가 없다. 먹어보지 않으면 맛을 알 수 없듯이 소재가 주어진다는 것만으로는 이해할 수 없는 것이다. 이해할 수 없다면 이만큼의 엄청난 희생을 지불한 사고로부터 아무것도 배울 수가 없다.

2011년 6월 정부사고조사위가 발족했을 당시, 하타무라는 위원장 방침으로 후쿠시마 원전사고에서 무엇이 일어났는지, 그것을 지식으로서 모두가 얻을 수 있도록 하는 것이 목적이라고 말하였다. 바꾸어 말하면, 국민의 의문이나 세계의 의문에 답하는 것이 목표인 것이다. 그러나 정부사고조사위에서는 시간적 제약과 임시로 구성된 조직상의 제약으로 인해 그 목적을 충분이 달성했다고는 볼 수 없다. 이를 그대로 방치하는 것은 본래의 역할을 충실히 이행했다고 할 수 없다고 생각하였다.

여기에 이 책은 사고조사위가 발표했던 내용을 바탕으로 필자들의 견해를 더해 이 큰 사고로부터 무엇을 배울 수 있는지를, 특히 원자력발전과 방사성물질에 전문지식이 없는 일반 독자들에게도 알기 쉽게 전달해주는 것을 목적으로 삼았다.

이 책에 앞서, 2012년 12월에 후치가미와 하타무라는 후쿠시마 원전사고 의 물리적 사고, 다시 말해서 사고의 기술적 측면을 설명한『후쿠시마 원 전에서 무슨 일이 일어났는가—정부사고조사위 기술해설福島原発で何が起った か – 政府事故調技術解説』가사하라 나오토(笠原直人)와 공저, 일간공업신문사을 출판하 였다. 이 책은 그 속편으로 사고의 사회적 측면을 규명하기 위해 어떠한 제 도하에서 원자력발전소가 운영되고 도쿄전력, 정부, 지자체가 사고가 일어 날 무렵 어떻게 행동했는가, 사고는 왜 일어났으며 피해가 확대된 이유는 무엇인가, 이러한 것으로부터 우리는 무엇을 배울 것인가를 분명히 한다. 또한 더 나아가 '방사능'에 대한 공포심, 피난, 오염제거 등을 어떻게 생각 할 것인지, 또 재가동을 포함한 원전의 미래를 어떻게 생각할 것인지에 대 하여 필자들의 생각을 정리했다.

구체적으로, 제1장에서는 원자력안전·재해대책제도나 정부·도쿄전력이 이것을 어떠한 시스템으로 운영하고 있었던가, 제2장에서는 그 결과, 사고 로 발전소 내부에서는 무슨 일이 일어났는가, 제3장에서는 일본의 원자력 발전 운용에는 어떠한 문제가 있었고, 규제상의 문제는 무엇인가, 제4장에 서는 정부나 도쿄전력은 어디에서 어떻게 잘못했는가, 제5장에서는 원자 력발전소 외부에서 무슨 일이 일어났는가, 제6장에서는 후쿠시마 원전사 고의 교훈을 어떻게 살릴 것인가에 대하여 기술한다.

그리고 이 책은 제1, 3, 4장은 주로 아베, 제2장은 주로 후치가미, 제5, 6장은 주로 하타무라가 집필하였다. 또한 본문 중의 인물의 직위, 조직 명 칭은 모두 당시의 것이다.

이 책이 원자력발전을 어떻게 생각하면 좋을지 고민에 빠져 있는 분들에게 무언가 시사점을 전해주고, 다양한 사고나 재해에 대처하기 위해 애쓰고 있는 분들에게 후쿠시마 원전사고에서 얻은 교훈을 전해줄 수 있기를 필자들은 바라고 있다. 또한 아직도 피난생활을 하고 있는 분들의 불안을 조금이나마 덜어주는 데 도움이 됐으면 더 이상 바람이 없겠다.

하타무라 요타로

차 례

안전신화의 붕괴
후쿠시마 원전사고는 왜 일어났나

1장

동일본대지진과
후쿠시마 제1원전사고

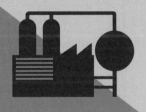

① 전례 없는 원자력재해 발생

2011년 3월 11일 도호쿠 지방 태평양 연안의 지진과 함께 발생한 쓰나미의 습격으로 인해 후쿠시마 제1원전의 외부전원과 내부에 설치된 기기의 거의 모든 전원이 끊어졌다. 이 때문에 원자로와 사용후핵연료저장조의 냉각기 능이 마비되고 INES국제원자력사고평가척도 등급7에 해당하는 중대사고Major accident가 발생하였다. 또한 후쿠시마 제2원전에서도 등급3에 해당하는 심 각한 사고Serious incident가 발생하였다.

1979년 미국의 스리마일 섬 사고등급5와 1986년 당시 소련 체르노빌 사 고등급7 모두 원자로 한 기의 사고였던 것에 반해, 후쿠시마 제1원전의 경 우는 원자로 세 기가 동시에 손상되었다는 점에서 세계 원자력발전 역사 상 최초의 중대사고였다. 이 사고로 인해 발전소 주변의 많은 주민이 대피 하게 되었다. 그 수는 지진·쓰나미로 인한 것을 포함하여 가장 위험했을 당시 현을 벗어나지 못한 사람이 9만 명 이상, 현 밖으로 몸을 피한 사람 이 6만 명을 넘었다.

후쿠시마 제1원전사고의 심각성은 후쿠시마 현에 지진 관련 사망자가 많 은 데서도 잘 나타나 있다. 직접적으로 지진이나 쓰나미로 인해 사망한 것 은 아니지만 지진이나 쓰나미로 인해 부상이 악화되어 사망한 이들로, 「재 해조의금 지급 등에 관한 법률」에 따라 조의금 지급대상이 된 사람을 '지 진 관련 사망자'라고 한다. 2012년 11월 2일 부흥청은 동일본대지진의 지진 관련 사망자수를 2303명2012년 9월 30일 기준이라고 발표하였다. 그 내역을 보 면, 가장 많은 수가 후쿠시마 현의 1102명이며, 이어 미야자키 현 812명, 이 와테 현 323명, 이바라키 현 37명 순이다. 〈표 1-1〉에서와 같이 동일본대지

표 1-1 동일본대지진의 피해자

	사망자수	행방불명자수	지진 관련 사망자수
후쿠시마 현	1,606	211	1,121
미야자키 현	9,536	1,302	812
이와테 현	4,673	1,151	323
이바라키 현	24	1	37
기타	67	4	10
합계	15,906	2,669	2,303

주 : '기타'는 나머지 도도현(都道県) 전체의 숫자. 사망자·행방불명자수는 2013년 3월 11일 현재. 지진관련 사망자수는 2012년 9월 30일 현재.

출처 : 경찰청, 부흥청

진의 사망자와 행방불명자를 합한 수와 비교한 지진 관련 사망자수는 미야자키 현과 이와테 현에 비해 후쿠시마 현이 유난히 높다.

후쿠시마 현의 지진 관련사 상황을 시정촌별로 좀더 상세하게 보면, 다음 페이지 〈표 1-2〉와 같다. 도미오카 정, 나미에 정, 후타바 정, 나라하 정, 오쿠마 정 등 후쿠시마 제1원전에 인접한 지자체에서는 지진 관련사가 직접사直接死를 크게 웃돈다. 이 원전사고가 지역주민에게 얼마나 많은 부담을 안겨주었는지 확실히 알 수 있다.

화석연료의 대부분을 해외에 의존하고 있는 일본에서는 에너지 안전보장의 관점과 온실가스인 CO_2의 배출량 감소 등의 문제에 대처하기 위해 1970년대 이래 원자력발전을 적극적으로 도입해왔다. 그 결과, 현재 일본은 미국, 프랑스에 이어 세계 3위로, 50기가 넘는 원자로를 보유하고 있으며 전원별 발전전력량에서 원자력이 차지하는 비율도 약 30%사고 전에 이르는 명실상부한 원자력발전대국으로 성장하였다. 이 와중에 발생한 것이 후쿠시마 제1원전사고였다.

표 1-2 후쿠시마 현의 인적 피해

	사망자수				인구(2010년 10월 1일 현재)
	직접사	관련사	사망신고 등	사망자 합계	
후쿠시마 시	6	7	0	13	292,590
스카가와 시	9	1	0	10	79,267
시라카와 시	12	0	0	12	64,704
니시고 촌	3	0	0	3	19,767
소마 시	439	21	19	479	37,817
◎미나미소마 시	525	388	111	1,024	70,878
○다무라 시	0	1	0	1	40,422
○히로노 정	2	27	0	29	5,418
◎나하라 정	11	74	2	87	7,700
◎도미오카 정	18	130	5	153	16,001
◎가와우치 촌	0	49	0	49	2,820
◎오쿠마 정	11	72	0	83	11,515
◎후타바 정	17	80	3	100	6,932
◎나미에 정	149	229	33	411	20,905
○가쓰라오 촌	0	16	1	17	1,531
신치 정	100	6	10	116	8,224
○이타테 시	1	39	0	40	6,209
○이와키 시	293	111	37	441	342,249
기타	3	9	0	12	994,115
합계	1,599	1,260	221	3,080	2,029,064

원주 : 사망신고 등 – 명확히 사망을 확인할 수 있는 시신이 발견되지 않았지만, 사망자신
고서 등이 제출된 자.

주 : '기타'는 후쿠시마 현의 나머지 시정촌. ◎는 후쿠시마 제1원전에서 20㎞ 이내 경계구
역 내의 지자체, ○는 30㎞ 이내의 지자체. 집계일시가 다르기 때문에 사망자 수는 〈표
1-1〉과는 일치하지 않는다.

출처 : 후쿠시마 현 재해대책본부 「2011년 도호쿠 지방 태평양 연안 지진에 의한 피해상항
즉보(제851보)」 2013년 1월 29일 현재.

시정촌 인구는 후쿠시마 현 기획조정부 통계분석과 『후쿠시마 현 통계연감 2012』

후쿠시마 제1원전사고는 대규모의 원자력재해가 공간적으로나 시간적으로나 얼마나 심각한 피해를 사회에 초래하였는지를 다시금 사람들에게 강하게 인식시키는 계기가 되었다. 제1장에서는 제2장부터 기술하는 해당 사고의 분석 및 검증작업의 전제가 되는 기본 사항, 즉 후쿠시마 제1원전의 개요, 도호쿠 지방 태평양 연안 지진·쓰나미의 상황, 원자력안전규제에 관한 법체계, 국가의 원자력피해대책의 시스템과 구조 등에 대해서 기술하고자 한다.

후쿠시마 제1원전의 개요

도쿄전력과 원자력발전

도쿄전력은 수도권을 포함한 간토 일대에 전력을 공급하는 일본 최대의 전력회사다. 판매전력량은 일본 전체의 약 $\frac{1}{3}$에 해당하는 2934억kWh^{2010년도} 기준로 이탈리아의 전력량과 맞먹는 수준이다.

2010년도 현재 도쿄전력의 발전설비인가출력는 화력이 59.5%, 원자력이 26.6%, 수력이 13.8%, 기타가 0.1%로 구성되었다. 같은 해 일본의 일반 전기사업자 10개사 전체를 살펴보면, 화력 60.2%, 원자력 22.4%, 수력 17.1%, 기타 0.3%로, 10개 회사 중에서 도쿄전력은 수력의 비율이 조금 낮은 반면, 원자력의 비율이 약간 높은 사업자라는 사실을 알 수 있다.단, 실제 발전전력량에서는 도쿄전력의 원자력의존도는 28%, 일반 전기사업자 10개사 전체의 의존도는 33%이다

표 1-3 도쿄전력이 운전 중인 원자력발전소

발전소명	소재지	1호기 운전 개시연도	원자로 수	인가출력
후쿠시마 제1	후쿠시마 현 후타바 군	1971년	6(BWR)	469.6만kW
후쿠시마 제2	후쿠시마 현 후타바 군	1982년	4(BWR)	440만kW
가시와자키 카리와	니가타 현 가시와자키 시, 가리와 군	1985년	5(BWR) 2(ABWR)	821.2만kW

주 : BWR – 비등수형 경수로, ABWR – 개량형 비등수형 경수로 2011년 3월 11일 현재.
원자력규제위원회 홈페이지 자료를 근거로 작성

도쿄전력은 2011년 3월 원전사고 발생시점에서 〈표 1-3〉과 같이 후쿠시마 현에 소재하는 후쿠시마 제1원전과 후쿠시마 제2원전, 니가타 현에 소재하는 가시와자키카리와柏崎刈羽 원자력발전소 세 개를 운전 중이었다. 이밖에 2011년 1월부터 아오모리 현 시모키타 군에 히가시도오리東通 원자력발전소개량형 비등수형 경수로 2기, 인가출력 227만kW를 건설 중이었다.

후쿠시마 제1원전의 원자로 시설

후쿠시마 제1원전은 후쿠시마 현 후타바 군 오쿠마 정과 후타바 정에 들어선 발전소로, 운전 중인 도쿄전력의 원자력발전소 세 개 가운데서 건설시기가 가장 오래되었다. 2011년 3월 사고발생 시, 발전소 안에는 〈표 1-4〉와 같이 여섯 기의 비등수형 경수로가 설치되어 있었다. 그 중 가장 오래된 1호기는 1967년에 건설하기 시작해 1971년에 영업운전을 시작하였다. 또한 가장 최근에 건설된 6호기는 1979년에 영업운전을 시작하였다.

일본 원자력발전소의 2011년 3월 현재 상황을 덧붙이자면 〈그림 1-1〉과 같다.

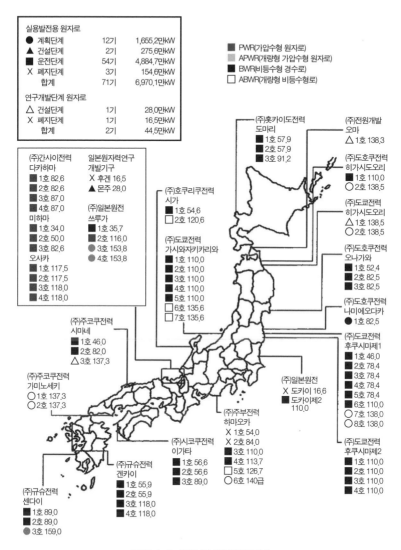

실용발전용 원자로
● 계획단계　　 12기　　 1,655.2만kW
▲ 건설단계　　 2기　　　 275.6만kW
■ 운전단계　　 54기　　 4,884.7만kW
Ｘ 폐지단계　　 3기　　　 154.6만kW
　 합계　　　 71기　　 6,970.1만kW

연구개발단계 원자로
△ 건설단계　　 1기　　　 28.0만kW
Ｘ 폐지단계　　 1기　　　 16.5만kW
　 합계　　　 2기　　　 44.5만kW

■ PWR(가압수형 원자로)
▨ APWR(개량형 가압수형 원자로)
■ BWR(비등수형 경수로)
□ ABWR(개량형 비등수형로)

(주)간사이전력
다카하마
■ 1호 82.6
■ 2호 82.6
■ 3호 87.0
■ 4호 87.0
미하마
■ 1호 34.0
■ 2호 50.0
■ 3호 82.6
오사카
■ 1호 117.5
■ 2호 117.5
■ 3호 118.0
■ 4호 118.0

일본원자력연구
개발기구
Ｘ 후겐 16.5
▲ 몬주 28.0

(주)일본원전
쓰루가
■ 1호 35.7
■ 2호 116.0
● 3호 153.8
● 4호 153.8

(주)홋카이도전력
도마리
■ 1호 57.9
■ 2호 57.9
■ 3호 91.2

(주)전원개발
오마
△ 1호 138.3

(주)도호쿠전력
히가시도오리
■ 1호 110.0
○ 2호 138.5

(주)도쿄전력
히가시도오리
△ 1호 138.5
○ 2호 138.5

(주)도호쿠전력
오나가와
■ 1호 52.4
■ 2호 82.5
■ 3호 82.5

(주)도호쿠전력
나미에오다카
● 1호 82.5

(주)호쿠리쿠전력
시가
■ 1호 54.6
□ 2호 120.6

(주)도쿄전력
가시와자키카리와
■ 1호 110.0
■ 2호 110.0
■ 3호 110.0
■ 4호 110.0
■ 5호 110.0
□ 6호 135.6
□ 7호 135.6

(주)도쿄전력
후쿠시마제1
■ 1호 46.0
■ 2호 78.4
■ 3호 78.4
■ 4호 78.4
■ 5호 78.4
■ 6호 110.0
○ 7호 138.0
○ 8호 138.0

(주)도쿄전력
후쿠시마제2
■ 1호 110.0
■ 2호 110.0
■ 3호 110.0
■ 4호 110.0

(주)주코쿠전력
시마네
■ 1호 46.0
■ 2호 82.0
△ 3호 137.3

(주)주코쿠전력
가미노세키
○ 1호 137.3
○ 2호 137.3

(주)일본원전
Ｘ 도카이 16.6
■ 도카이제2
　 110.0

(주)주부전력
하마오카
Ｘ 1호 54.0
Ｘ 2호 84.0
■ 3호 110.0
■ 4호 113.7
□ 5호 126.7
○ 6호 140급

(주)시코쿠전력
이가타
■ 1호 56.6
■ 2호 56.6
■ 3호 89.0

(주)규슈전력
겐카이
■ 1호 55.9
■ 2호 55.9
■ 3호 118.0
■ 4호 118.0

(주)규슈전력
센다이
■ 1호 89.0
■ 2호 89.0
● 3호 159.0

그림 1-1 일본의 원자력발전소

출처 : 자원에너지청

표 1-4 후쿠시마 제1원전 원자로

	1호기	2호기	3호기	4호기	5호기	6호기
설치허가	1969년	1968년	1970년	1972년	1971년	1972년
착 공	1967년	1969년	1970년	1972년	1971년	1973년
영업운전 개시	1971년	1974년	1976년	1978년	1978년	1979년
출력(만kW)	46	78.4	78.4	78.4	78.4	110
격납용기형식 국산화비율(%)	MARKⅠ 56	MARKⅠ 53	MARKⅠ 91	MARKⅠ 91	MARKⅠ 93	MARKⅠ 63
주계약자	GE	GE 도시바	도시바	히타치	도시바	GE 도시바
장하(裝荷) 연료(개)	400	548	548	548	548	764

출처 : 도쿄전력 「수표(數表)로 보는 도쿄전력」 p.64

이번 사고로 후쿠시마 제1원전의 원자로 여섯 기 가운데, 1호기부터 4호기까지의 원자로는 2012년 4월 19일에 폐지되었다. 따라서 이 책을 쓰던 당시 후쿠시마 제1원전에 남아 있던 원자로는 5호기와 6호기 두 기뿐이었다.

후쿠시마 제1원전 시설의 배치도는 〈그림 1-2〉와 같다. 〈그림 1-2〉에서 본 바와 같이 발전소의 동쪽이 태평양을 접하고 있고, 원자로 여섯 기 중 1호기부터 4호기까지는 오쿠마 정에, 5호기와 6호기는 후타바 정에 설치되어 있다.

원자로 배치의 위치관계를 보자면, 1호기부터 4호기는 북에서 남으로 차례대로 향하고 있고, 5호기와 6호기는 남에서 북을 향해 5호기, 6호기 순으로 설치되어 있다. 2011년 3월 현재, 원자로 여섯 기의 인가출력 합계는 469만 6000kW였다. 이것은 일본에 있는 17개의 원자력발전소 중에서 세 번째에 해당하는 규모였다.

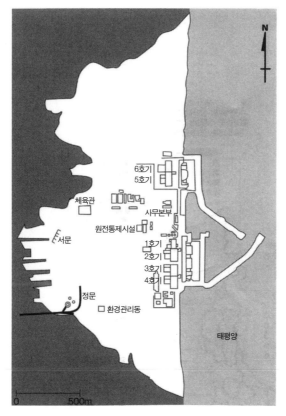

그림 1-2 후쿠시마 제1원전의 배치도

출처 : 도쿄전력

각 호기플랜트는 원자로건물, 터빈실건물, 통제실건물, 서비스건물, 방사성폐기물처리건물 등으로 구성되어 있다. 이들 건물 중에는 인접 플랜트와 함께 사용하던 것도 있다. 이들 건물을 배치한 발전소 전체의 부지면적은 한신고시엔阪神甲子園 야구장의 90배인 약 350만㎡약 110만 평 크기로, 그 형태는 해안선으로 길게 반타원형이다.

발전소 운영체제

사고가 나던 당시, 후쿠시마 제1원전에 속한 도쿄전력의 사원은 약 1,100명, 이밖에 원전 건설회사 사원과 유지·관리업무, 방화, 경비 등을 담당하는 협력기업이라고 불리는 하청업체의 종업원 등 약 2,000명이 늘 근무하고 있었다. 근무자만 봐도 후쿠시마 제1원전은 정식사원보다 두 배 정도 많은 하청직원들의 손에 맡겨졌다고 해도 지나치지 않았다.

후쿠시마 제1원전의 평소 운영체제는 다음과 같았다.

발전소장 아래에 유닛 소장 2명, 부소장 3명이 배속되어 있고, 그 밑에 총무부, 방재안전부, 홍보부, 품질·안전부, 기술총괄부, 제1운전관리부, 제2운전관리부, 제1보전부, 제2보전부 등의 각 부가 설치되어 있었다.

원자로시설의 운전은 모두 도쿄전력의 사원인 당직이 맡고 있었다. 제1, 제2운전관리부장 아래로 각각 1호기와 2호기, 3호기와 4호기, 5호기와 6호기로 나누어서 담당이 배치되어 있었다.

각 담당은 반으로 편성되어 있고, 하나의 반은 원칙적으로 당직장 1명, 당직부장 1명, 당직주임 2명, 당직부주임 1명, 주기主機조작원 2명, 보기補機조작원 4명 등 총 11명으로 짜여 있었다. 이렇게 짜여진 반이 24시간 동안 교대로 원자로시설을 운전·관리하고 있었다.

3월 11일 사고발생 당시, 4호기, 5호기, 6호기가 정기검사 중이었기 때문에 평소보다도 늘어난 약 6,400명그 중 도쿄전력 사원은 750명이 발전소 안에서 일하고 있었다. 그 중 약 2,400명은 방사선 관리구역 안에서 작업을 하고 있었다.

긴급시 태세

후쿠시마 제1원전에서는 원자력재해대책의 기본법인 「원자력재해대책특별

조치법」이후 원재법에 의거해 원자력사업자 방재업무계획을 정해놓고 있다. 이에 따르면 동[同]법 제10조의 특정 사태를 통보한 경우에는 제1차 긴급시 태세가, 동법 제15조의 특정 사건을 보고한 경우나 원자력긴급사태선언이 공표되는 사태에 이른 경우에는 제2차 긴급시 태세가 발령된다. 그리고 긴급시 대책본부가 설치되어 사고원인의 제거, 원자력재해의 확대 저지, 기타 필요한 활동을 신속하고 원활하게 하도록 되어 있다.

긴급시 대책본부는 정보반, 통보반, 홍보반, 기술반, 보안반, 복구반, 발전반, 자재반, 후생반, 의료반, 총무반 및 경비유도반으로 구성되어 각각의 역할에 따라 원자력재해에 대응하는 방재체제가 확립된다. 또한 발전소의 대책본부장은 나중에 설명할 오프사이트센터*에 파견된 사원원자력방재요원과 긴밀히 연락을 취해 원자력재해 합동대책협의회로부터 발전소에 요청된 사항에 대응함과 동시에 원자력재해 합동대책협의회에 필요한 의견을 내놓는다고 되어 있다.

그리고 긴급시 원자로시설의 운전은 발전반에 소속된 당직이 담당하고, 그 체제는 평소 운전시와 마찬가지이다.

 ③ 도호쿠 지방의 태평양 연안 지진과 쓰나미의 습격

도호쿠 지방 태평양 연안 지진

2011년 3월 11일 14시 46분, 산리쿠 연안오시카 반도 동남동 약 130km 부근 24km

---

* 　원재법상 지정된 시설로 긴급사태대응대책 거점시설을 말함

깊이에서 시작한 일본 관측사상 최대 규모의 지진이 발생하였다. 이 지진으로 인해 미야자키 현 구리하라 시가 '진도7'에 흔들렸으며, 도호쿠 지방의 태평양측 각지에서 '진도6강'의 강한 흔들림이 관측되었다.

기상청은 이 지진을 '2011년 도호쿠 지방 태평양 연안 지진'으로 명명하고, 정부는 2011년 4월 1일 내각의 양해를 얻어 엄청난 피해를 몰고 온 이 지진을 '동일본대지진'이라 부르기로 하였다.

쓰나미의 습격

도호쿠 지방 태평양 연안 지진이 일으킨 쓰나미는 홋카이도에서 오키나와 현에 걸쳐 광범위하게 관측되었지만, 특히 도호쿠 지방에서 간토 지방 북부 태평양안# 일대가 대규모 쓰나미의 피해를 입었다. 즉, 기상청 검조소에서 관측된 파도의 높이는 이와테 현 미야코와 오후나토에서 8m를 넘었고, 후쿠시마 현 소마에서는 9.3m 이상, 미야자키 현 이시노마키 시 유카와에서도 8.6m 이상이었다.

국토지리원에 의하면 쓰나미로 인한 침수범위 면적은 아오모리, 이와테, 미야자키, 후쿠시마, 이바라키, 지바의 6개현 62개 시정촌에서 합계 561㎢에 이른다고 하였다. 이는 JR동일본이 운영하는 순환선인 야마노테선 안쪽 면적63㎢의 약 9배에 상당하는 넓이다. 특히 미야자키침수면적 327㎢ 현과 후쿠시마침수면적 112㎢ 현의 피해가 매우 컸다.국토지리원 「쓰나미에 의한 침수범위 면적〈대략치〉에 대하여(제5장)」

이 지진과 쓰나미로 인해 인명 피해도 컸다. 1도都 1도道 10현県에서 1만 5882명이 사망하고, 게다가 이와테, 미야자키, 후쿠시마를 중심으로 6개현에서 2668명의 행방불명자가 발생하였다.경찰청 조사, 2013년 3월 11일 현재

덧붙이자면, 1995년 고베대지진의 사망자는 6,434명, 행방불명자는 최

종적으로 3명이었다2006년 5월 19일 소방청 확정. 이 대지진은 고베 시를 중심으로 하는 한신지구의 인구밀집지역을 덮친 도시형 지진이며, 사망자는 주로 건물붕괴로 인해 발생하였다. 그 때문에 행방불명자의 수가 적었다. 이번에 2600명 이상의 행방불명자가 발생한 것은 쓰나미재해의 특이성에 의한 것이라고 할 수 있다.

그런데 원자력발전은 '히트싱크'최종적으로 열을 방출하는 곳가 필요하기 때문에 일본에서는 모든 원자력발전소가 해안에 설치되어 있다. 2011년 3월 현재 도호쿠 지방 태평양 연안에는 히가시도오리도호쿠전력, 오나가와도호쿠전력, 후쿠시마 제1도쿄전력, 후쿠시마 제2도쿄전력, 도카이 제2일본원자력발전 등 가동 중인 원자력발전소가 5개 있었다. 3월 11일의 쓰나미는 후쿠시마 제1원전뿐만 아니라, 나머지 4개의 원자력발전소도 덮쳤다. 지금부터 그 상황을 살펴보자.

우선 히가시도오리에서는 쓰나미가 관측되었으나 안벽의 상단높이T.P.+2.6m를 넘지 못하였기 때문에 피해는 거의 발생하지 않았다. 다음으로 오나가와에는 설치허가 당시 예상했던 쓰나미 높이 9.1m를 웃도는 약 13m의 쓰나미가 일었지만, 오나가와의 주요시설은 안전을 생각해 부지 높이를 13.8m지진으로 내려앉은 후로 건설하였기 때문에 중대한 피해는 발생하지 않았다.

또한 후쿠시마 제1원전에서 남쪽으로 10㎞ 떨어진 후쿠시마 제2원전에서는 취수펌프 등이 있는 해안가 부지가 물에 잠겼다. 그러나 제1원전보다 2m 더 높이 있었던 경사면을 넘지는 않았기 때문에 원자로 건물은 물피해를 면해 다행히도 INES 등급3의 사태가 발생하는 데 그쳤다.

마지막으로 도카이 제2원전에도 거슬러 오르는 쓰나미의 높이가 6.3m 정도였지만, 주요건물에는 도달하지 않아 심각한 피해는 발생하지 않았다. 제2장부터 밝힐 문제겠지만, 이런 와중에 쓰나미 예방대책과 중대사고대책이 충분하지 않았던 후쿠시마 제1원전에서는 엄청난 사고가 일어나게 되었다.

지진발생 직전의 운전상황

후쿠시마 제1원전에는 이미 기술한 바와 같이 원자로 여섯 기가 설치되어 있었다. 지진발생 직전 이 원자로들의 상황을 살펴보도록 한다.

1호기는 '정격전기출력 일정운전'을 하고 있었다. 정격전기출력 일정운전은 원자로 전기출력을 1년간 통틀어 발전할 수 있는 수치인 정격전기출력을 유지하는 운전방법을 가리킨다. 원자로에 가까이 있던 사용후핵연료를 일시 보관하는 사용후핵연료저장조의 수위는 가득 찼었고 수온은 25℃였다.

2호기와 3호기는 '정격열출력 일정운전'을 시행하고 있었다. 정격열출력 일정운전은 원자로 열출력을 원자로건설 허가기준에서 인정된 최대치인 정격열출력을 유지하는 운전을 말한다. 인접해 있던 사용후핵연료저장조 2개의 수위는 전부 가득 찼고, 수조의 수온은 2호기가 26℃, 3호기의 경우는 25℃였다.

4호기는 2010년 11월 30일부터 정기검사 중이었다. 정기검사라는 것은 전기사업법에 따라 설비·기기의 건전성 확인, 기능유지, 신뢰성의 향상을 꾀하기 위해서 약 1년에 1번 정도의 주기로 시행하는 검사를 말한다. 그렇기 때문에 모든 연료는 압력용기에서 꺼내어져 사용후핵연료저장조로 옮겨진다. 사용후핵연료저장조는 가득 찼고 수온은 27℃였다.

5호기도 2011년 1월 3일부터 정기검사에 들어갔다. 당시, 내압누설을 시험하던 중이었기 때문에 연료는 원자로 안에 들어가 있었고, 제어봉도 전부 삽입돼 있던 상태였다. 5호기 역시 사용후핵연료저장조는 가득 찼고 수온은 24℃였다.

6호기도 2010년 8월 14일부터 정기점검 중이었지만 원자로에는 연료가 들어가 있었고 제어봉도 전부 삽입된 냉온정지 상태에 있었다. 사용후핵연료저장조는 가득 찼고 수온은 25℃였다.

후쿠시마 제1원전의 지진동

도호쿠 지방 태평양 연안 지진이 일어났을 당시, 후쿠시마 제1원전이 들어선 오쿠마 정과 후타바 정에서 관측된 최고 진도는 '진도6강'이었다. 게다가 3월 11일 이후에도 이 두 지역은 '진도5약' 정도의 여진이 계속 되었다. '진도6강'은 10단계의 진도 단계 중 두 번째로 강한 진도이다. 이들 지역에서 '진도6강'이 관측된 것은 이 지역에 아주 강한 지진동이 덮쳤다는 것을 나타내고 있다.

덧붙여서 말하자면 기상청은 '진도6강'의 상태를 다음과 같은 예를 들어 설명하고 있다.

- 기지 않으면 움직일 수 없다. 날아가는 경우도 있다.
- 고정돼 있지 않은 가구 대부분이 움직이거나 쓰러지는 경우가 많아진다.
- 내진성이 낮은 목조건물은 기울거나 무너지는 경우가 많다.
- 크게 땅이 갈라지거나 땅바닥이 넓게 꺼지거나 산사태가 발생하는 경우도 있다.

후쿠시마 제1원전에서는 부지 지반, 각 호기의 원자로 건물과 터빈건물 등 53개소에 지진계를 설치해 지진동을 관측하고 있었다. 이들 지진계에서

표 1-5 후쿠시마 제1원전 관측기록과 기준 지진동(Ss)에 대한 최대응답가속도값

관측점 (원자로 건물 기초판상)	관측기록 최대가속도값(Gal)			기준 지진동 Ss에 대한 최대응답가속도값(Gal)		
	남북방향	동서방향	상하방향	남북방향	동서방향	상하방향
1호기	460	447	258	487	489	412
2호기	348	550	302	441	438	420
3호기	322	507	231	449	441	429
4호기	281	319	200	447	445	422
5호기	311	548	256	452	452	427
6호기	298	444	244	445	448	415

원출처 : 도쿄전력 「후쿠시마원자력사고 조사보고서 첨부자료 2」
출처 : 정부사고조사위 「중간보고서」

얻은 관측기록들 중 각 호기의 원자로 건물 기초판상基礎版上에서 기록된 최대가속도값은 〈표 1-5〉와 같다. 이 표에 따르면 2호기, 3호기, 5호기에서 동서방향 최대가속도가 기준 지진동Ss에 대한 최대응답가속도값을 웃돌고 있음을 알 수 있다.밑줄 친 부분

후쿠시마 제1원전을 덮친 쓰나미

지진에 뒤이은 쓰나미의 첫 번째 해일이 후쿠시마 제1원전을 덮친 것은 3월 11일 15시 27분 무렵이다. 뒤이어 두 번째 해일은 15시 35분 무렵에 도달하였고, 그 뒤에도 쓰나미가 반복해서 덮쳤다. 이 중에서 후쿠시마 제1원전에 결정적으로 타격을 준 것은 두 번째 쓰나미였다. 이로 인해 제1원전의 해안가쪽과 주요건물이 설치된 거의 전 지역이 물에 잠겼다. 그 상황을 대강 살펴보자면 다음과 같다.

1호기~4호기의 주요건물이 설치된 지역의 침수높이는 O.P.+약 11.5m에서 +15.5m였다. O.P.는 오나하마小名浜항후쿠시마 현 이와키 시 공사기준면을 말하는 것인데, 같은 지역의 부지높이는 O.P.+10m이기 때문에 침수심沈水深: 지표면부터의 침수높이은 얕은 곳은 1.5m, 깊은 곳은 5.5m에 이르렀다. 또한 같은 지역 남서부에서는 국지적으로 O.P.+16~17m에 이른 곳도 있었다. 후쿠시마 제1원전 부지 내에서 쓰나미의 침수를 가장 많이 받은 곳이 이 지역이다.

한편, 1호기~4호기와는 별도 블록에 설치된 5호기와 6호기의 주요건물 설치지역의 침수심은 O.P.+약13m에서 +14.5m였다. 같은 지역의 부지높이는 O.P.+13m였기 때문에 침수심은 1.5m 이하였다. 1호기~4호기의 설치지역과 거의 비슷한 높이의 쓰나미가 덮쳤음에도 불구하고 5호기와 6호기가 냉온정지에 성공한 요인의 하나는 주요시설이 상대적으로 높은 장소에 설치되어 있었기 때문이라 할 수 있다.

원자력시설의 안전확보는 '멈춘다' '식힌다' '봉한다'는 3가지를 대원칙으로 삼고 있다. 도호쿠 지방 태평양 연안 지진과 쓰나미가 덮친 후쿠시마 제1원전에서는 지진이 일어나자마자 원자로가 급히 멈춘 것으로 보아 '멈춘다'는 제 기능을 한 것으로 보인다.

그러나 지진동에 의한 손상이나 쓰나미에 의한 물피해로 발전소 안의 전원 관련시설이 가동을 멈추었기 때문에 '식힌다'는 기능은 이루어지지 못했다. 따라서 원자로 세 기가 손상되어 방사성물질이 주위로 흩어져 날아가 버리는 사태에 이르렀다. 바꾸어 말하자면 '봉한다'는 것에 실패하였다. 이 과정을 구체적으로, 즉 쓰나미가 덮친 이후 후쿠시마 제1원전에서 일어난 사태가 어떻게 커져서 중대사고로 이어졌는가는 제2장에서 검증하고자 한다.

원자력 안전에 관한 법령

원자력시설은 사고나 고장이 일어나면 방사성물질이 흩어져 날아가 인간과 환경에 심각한 악영향을 미치는 경우가 있기 때문에 그 안전성의 확보는 법령에 의해 엄격히 규제되고 있다. 원자력 안전에 관한 일본의 법체계를 정리하면 다음과 같다.

우선 가장 상위에 있는 것은 1956년 시행된 「원자력기본법」이다. 이 법은 원자력의 연구, 개발 및 이용에 관한 기본적 이념을 정한, 문자 그대로 원자력 이용에 관한 기본법이다. 그리고 그 밑에 1957년 시행된 「핵원료물질, 핵연료물질 및 원자로의 규제에 관한 법률」, 2000년 시행된 「특정방사성폐기물의 최종처분에 관한 법률」 등의 여러 가지 법이 정비되어 있다. 또한 전기사업을 규제하는 근거법인 1964년 제정된 「전기사업법」에서도 전기공작물의 관점에서 원자로시설에 관한 규제의 원칙이 정해져 있다.

이러한 일련의 법률은 「핵원료물질, 핵연료물질 및 원자로의 규제에 관한 법률 시행령」과 「방사성 동위원소 등에 의한 방사선 피해 방제에 관한 법률 시행령」 등의 정령政令, 「실용 발전용 원자로 설치, 운영 등에 관한 규칙」과 「사용후연료 저장사업에 관한 규칙」 등의 성령省令에 의해서 보완되어 있다.

또한 2012년 9월에 폐지된 원자력안전위원회는 규제당국인 원자력안전·보안원이후 보안원이 실시하는 안전심사를 평가할 때 이용하는 지침류를 세워 놓고 안전규제로 사용하고 있었다.

원자력 안전에 관련된 정부기관

일본에서는 원자력 이용에 대해서 발전용 원자로는 경제산업성 장관, 원자력 연구개발과 이용, 방사선대책은 문부과학성 장관이 소관하고 있다. 이러한 틀에서 발전용 원자로시설의 안전규제를 시행하는 특별기관으로 경제산업성 자원에너지청 아래에 설치되어 있던 것이 보안원이다.

보안원은 2001년에 중앙부처를 재편성하면서 과학기술청 원자력안전국과 통상산업성 환경입지국의 고압가스, 도시가스, 액화석유가스, 화약류, 광산의 보안에 관한 사무, 특히 자원에너지청이 관장하는 전기공작물, 도시가스, 열공급의 보안에 관한 사무를 이어받아 발족한 조직이다. 따라서 원자력뿐만 아니라, 가스와 광산, 화약류의 안전규제를 관장하는 기관이었다. 더욱이 보안원은 원자력의 안전규제와 더불어 원자력재해 발생 시에는 원자력재해대책본부 사무국 담당으로서 재해대응에서 중심적 역할이 기대되던 조직이기도 했다.

그러나 보안원은 후쿠시마 원전사고를 대응하면서 주어진 역할을 적절하게 수행하지 못하였고, 그 조직적 한계가 여실히 드러났다. 또한 동시에 여태까지의 규제활동에 대해서도 많은 의문점이 드러났다. 그 때문에 2012년 9월 19일에 폐지되고 그 업무는 환경성 외국外局으로 신설된 원자력규제위원회2012년 9월 19일 설치가 승계하게 되었다.

보안원과 더불어 원자력안전규제에 관련된 공적 기관으로서 2003년에 설립된 독립행정법인이 원자력안전기반기구JNES이다. 보안원의 기술지원조직인 원자력안전기반기구는 원자력시설을 보안원과 나눠서 검사하는 한편, 보안원이 하는 원자력시설의 안전심사와 안전규제기준의 정비 등을 기술적으로 지원하는 조직이었다. 2012년 4월 현재 원자력안전기반기구의 직원수는 423명으로, 폐지된 보안원의 본사 직원수에 맞먹을 만한 규모였다.

원자력안전기반기구는 이번 원자력안전규제 관계기관인 원자력규제위원회로 재편되는 과정에서는 재검토 대상에서 제외되어 남아 있다.

또한 사업자를 직접 규제하는 기관은 아니지만, 원자력안전에 관한 조직으로 둘 필요가 있는 것이 원자력안전위원회이다. 원자력안전위원회는 「원자력기본법」과 「원자력위원회 및 원자력안전위원회설치법」 등을 설치근거로 원자력의 안전확보체제를 강화하기 위해 옛 원자력위원회의 기능 중 안전규제를 독립해서 담당하는 조직으로 1978년에 탄생하였다.

원자력의 안전규제는 앞서 기술한 바와 같이 보안원과 문부과학성 등의 행정기관이 시행하고 있지만, 원자력안전위원회는 이들 기관으로부터 독립하여 중립적인 입장에서 국가의 안전규제에 관한 기본적인 생각을 기획·심의·결정함과 동시에 원자로 설치인가 신청 등에서 2차 심사더블 체크와 규제조사를 시행하는 등 행정기관 및 사업자를 감시·감사·지도하는 역할을 담당하고 있었다.

따라서 내각 총리가 관계 행정기관에 권고권 등을 행사할 수 있는 권한을 가지고 있었다. 또한 원자로시설과 핵연료물질의 가공·재처리시설 등의 안전성, 시설의 내진안전성, 방사선 방호, 방사성폐기물 처리·처분 등 여러 분야에 걸쳐서 기본적인 개념을 정리해 문서, 보고서, 안전심사 지침 등의 형태로 공표해왔다.

그러나 원자력위원회도 보안원과 마찬가지로 후쿠시마 원전사고가 발생하자 그 기능적 한계를 여실히 드러냄에 따라 2012년 9월 19일에 폐지되어 그 업무는 원자력규제위원회로 넘어가게 되었다.

원자력재해대책의 법체계

일본의 원자력재해대책은 1961년 제정된 「재해대책기본법」과 1999년에 제정된 「원재법」을 기반으로 전개되고 있다.

우선 「재해대책기본법」에 대해서 살펴보면, 이 법은 내각 총리를 정점으로 하는 중앙방재회의가 방재기본계획을, 그리고 각 광역지자체 방재회의가 광역지자체 지역방재계획을, 게다가 기초지자체도 지역방재계획을 의무적으로 수립하도록 하였고, 이들 계획 중에 원자력재해대책이 포함되어 있다. 즉, 방재기본계획과 나란히 지역방재계획에 '일반재해대책편', '지진대책편', '사고대책편' 등과 함께 '원자력재해대책편'이 수립되어 있다. 이것은 원자력재해대책의 기본이 되고, 거기에는 원자력재해의 발생 및 확대를 방지해 원자력재해의 복구를 꾀하기 위해 필요한 대책 등이 기재되어 있다.

이것은 원자력재해가 발생했을 때 중앙방재회의가 구체적인 대책을 마련한다는 것을 의미하지는 않는다. 원자력재해가 발생하면 광역지자체가 먼저 대책에 나선다는 것이 재해대책기본법의 취지이며, 중앙방재회의가 구체적으로 관여하고 있는 것은 원자력발전소 신설에 관한 논의뿐이었다.

따라서 이번 원자력재해 대응에서도 후쿠시마 현이 적극적으로 대책에 나섰어야 했지만 제3장에서 후술하는 바와 같이 현은 충분히 제 역할을 하지 못했다.

그 교훈으로부터 후쿠시마 현은 사고 후, 「지역방재계획·원자력재해대책편」을 대폭 재검토하기 시작했다. 그래서 2012년 11월에는 그 첫 단계로 새로운 지역방재계획이 공표되었다. 개정된 지역방재계획에서는 후쿠시마 제1원전의 실태를 고려하여 폐지조치가 결정된 원자로시설과 운전을 멈춘 원자로시설에 대한 방재대책임을 명확히 했다. 한편, 지금까지 복합재해에 대한 대비가 전혀 이루어지지 않았다는 것을 교훈삼아 현縣본부 사무국에 '원자력반'을 설치하고 플랜트 상황을 한곳에서 파악하게 하는 등 새로운 시책이 포함되었다. 후쿠시마 현에서는 2013년 이후에도 피난기준을 설정하고 중점구역을 제대로 설정하는 등 한층 새로운 방재계획을 재검토하고 있다.

다음으로 「원재법」에 대해서 살펴보자.

일본에서는 원자력재해가 장기간 이어질 경우 앞서 설명한 바와 같이 「재해대책기본법」을 토대로 대처해왔으나, 1999년 이바라키 현 도카이 촌에서 (주)JCO가 핵연료를 재처리하던 중 발생한 임계사고를 계기로 원재법이 제정되었다. 이후 원자력재해에 대한 대응은 이 법을 기본으로 시행되게 되고, 원자력재해대책의 방법은 그 이전과 비교하여 크게 변경되었다.

본문 40조와 부칙으로 구성된 원재법은 원자력재해 예방에 관한 원자력사업자의 의무, 원자력 긴급사태 선언의 발령, 원자력재해대책본부이후원재본부의 설치, 긴급사태 대응대책의 실시 등 원자력재해에 대한 대응의 기본을 정한 법률이다. 그 목적은 원자력재해에 대한 대책을 강화하여 원자력재해로부터 국민의 생명, 신체, 재산을 보호하는 데에 있다.

또한 원자력재해위기관리 관계부처회의는 「원자력재해대책 매뉴얼」원재매뉴얼을 작성하였다. 원재 매뉴얼은 「원재법」 및 「방재기본계획·원자력재해대책편」에서 정해져 있는 사항을 구체화시킨 것으로, 원자력재해가 발생한 경우에 관계부처가 하나가 되어 일관성 있는 재해대책이 전개될 수 있도록 필요한 구체적인 요령을 정리한 것이다.

「원재법」의 구조

앞서 기술한 바와 같이, 원재법은 일본에서 원자력재해가 발생할 때 그것에 대처하는 기본을 정한 법률이다. 이 법은 후쿠시마 원전사고 후, 2012

년 6월에 대폭 개정되었으나 여기에서는 개정 이전의 「원재법」을 주로 다루기로 한다.

「원재법」에서는 원자력재해에 대한 주요 대처주체 3곳이 다음과 같이 열거되어 있다. 첫 번째는 내각부, 경제산업성과 보안원 등의 국가기관이다. 다음으로 발전소가 소재하는 지역의 지자체이다. 그리고 세 번째로 발전소와 사업소 등의 운영자인 원자력사업자이다. 이들 3가지 주체별로 「원재법」이 정한 주요 긴급시 대응을 각 조문에서 발췌하면 〈표 1-6〉과 같다. 긴급시 대응에서 국가의 역할이 중요하다는 것은 두말할 나위도 없지만, 지역 지자체에도 큰 역할이 주어져 있음을 알 수 있다.

그런데 「원재법」이 원자력재해대책의 중심조직으로 상정하고 있던 것은 내각 총리가 설치하는 원재본부이다. 재해 발생부터 원재본부 설치까지의 흐름을 원재법에 따라서 정리하면 다음과 같다.

우선 제10조 제1항은 원자력사업소의 구역경계 부근에 정령에서 정한 기준 이상의 방사선량1시간당 5μ Sv(마이크로시버트)이 검출될 경우 원자력방재관리자는 즉시 그 사항을 주무장관, 소재 도도부현 지사, 소재 시정촌장 및 관계 주변 도도부현 지사에게 통보하여야 한다고 정해져 있다.소위 제10조 통보

다음으로 제15조 제1항은 위에서 말한 구역에서 1시간당 500μ Sv 이상 방사성물질이 검출될 경우와 원자로 운전을 중성자 흡수재 주입으로도 정지할 수 없는 상황 등이 발생했을 경우에는 주무장관은 즉시 총리에게 필요한 정보를 보고함과 동시에 총리가 행하는 공시·지시안을 제출하지 않으면 안 된다고 되어 있다. 그리고 보고 및 제출을 받은 총리는 원자력 긴급사태선언을 발령하고제15조 제2항, 이어서 임시로 내각부에 원재본부를 설치하도록 정해져 있다.제16조 제1항

표 1-6 「원자력재해대책특별조치법」이 정한 주요 긴급시 대응

실시주체	조문	실시사항
국가·경제산업성	제10조 제1항	통보 수신
	제10조 제2항	전문적 지식을 가진 직원 파견
	제15조 제1항	보안원에 의한 제시안 및 공시안 제출
	제15조 제2항	내각 총리가 원자력 긴급사태 선언
	제15조 제3항	내각 총리가 피난 권고, 퇴거 지시
	제16조 제1항	내각부에 원자력재해대책본부를 설치
	제17조 제9항	원자력재해현지대책본부를 설치
	제20조 3항	각 기관에 지원 지시
	제23조	원자력재해 합동대책협의회 설치
	제26조	긴급사태응급대책 실시
	제27조	원자력재해 사후대책 실시
지방공공단체	제10조 제1항	통보 수신
	제10조 제2항	전문적 지식을 가진 직원 파견 요청
	제22조	도도부현 및 시정촌 재해대책본부 설치
	제23조	원자력재해 합동대책협의회 설치
	제26조	긴급사태 응급대책 실시
	제27조	원자력재해 사후대책 실시
	제28조	피난 지시, 재해파견 요청
원자력사업자	제10조 1항	국가·지방공공단체에 통보
	제25조	원자력재해 확대방지를 위한 응급조치 실시
	제26조	긴급사태 응급대책 실시
	제27조	원자력재해 사후대책 실시
	제28조	지정 공공기관 응급대책 등의 실시, 피해상황 보고

주 : 2012년 6월 개정 이전의 옛 규정

「원재법」이 정한 긴급시 대응의 틀

전술한 바와 같이 원재법 제16조 제1항은 총리가 원자력 긴급사태를 선언했을 때는 내각부에 원재본부를 설치할 것을 정해 놓고 있다. 이 본부의 본부장은 총리, 부본부장은 주무장관이 각각 맡고 그 구성원은 총리가 임명한 국무장관, 내각 위기관리감, 지정 행정기관의 기관장들로 구성된다.제17조 제1, 4, 6항

다음으로 「원재법」 제17조 제9항은 긴급사태응급대책 실시구역에 원재본부 사무의 일부를 행하는 조직으로 원자력재해 현지대책본부를 두도록 한다. 또한 이 법 제22조에서는 긴급사태응급대책 실시구역을 관할하는 각 도도부현과 각 시정촌도 필요하다면 도도부현 재해대책본부와 시정촌 재해대책본부를 설치하도록 하고 있다. 이와 더불어 도도부현 재해대책본부 및 시정촌 재해대책본부는 원자력 긴급사태에 관한 정보를 교환, 각각이 실시하는 긴급사태응급대책에 대해서 상호협력하기 위해 원자력재해 합동대책협의회를 조직한다고 되어 있다.제23조

더욱이 「원재법」 제12조 제1항은 원자력재해 발생시에 정보수집활동의 거점으로 오프사이트센터를 의무적으로 설치하도록 하고 있다. 이 법 시행규칙에 따르면 이 시설은 원자력사업소에서 20㎞ 안에 설치하도록 하고 있다. 후쿠시마 제1원전에서는 약 5㎞, 제2원전에서는 약 12㎞ 떨어진 후쿠시마 현 후타바 군 오쿠마 정에 설치되었다. 앞서 기술한 국가의 현지대책본부동법 제17조 제9항와 원자력재해 합동대책협의회제23조 제4항가 설치되어 있던 곳이 오프사이트센터였다.

여기까지가 「원재법」의 가장 큰 특징이라고 해도 무방하다. 즉, 원자력재해가 발생하면 국가와 지자체가 긴밀하게 연계하면서 긴급시에는 바로 대응할 수 있도록 현지의 오프사이트센터를 근거지로 원자력재해 현지대

책본부와 원자력재해 합동대책협의회를 조직하여 대처한다고 되어 있었던 것이다. 이러한 긴급시 대응방법이 이번 후쿠시마 원전사고 대응에서 과연 제대로 기능하였는지는 제3장에서 검증하기로 한다.

특히 오프사이트센터는 (주)JCO의 임계사고를 교훈으로 재해가 일어난 장소에서 가까운 곳에서 대응해야만 더 실효성이 높을 것이라는 판단에서 설치된 것이다. 이번에도 그 역할을 다할 것으로 기대되었으나 제 역할을 대부분 다하지 못하였다.

⑤ 정부사고조사위의 설치와 활동

원자력의 사고조사와 정부사고조사위

인적 피해를 가져온 사고는 우리에게 큰 슬픔과 고통을 남긴다. 또한 이번 원전사고와 같은 경우에는 환경, 지역의 산업 및 경제에도 심각한 타격을 입힌다. 사회가 사고로 인한 그러한 손해를 입지 않게 하기 위해서는 사고를 예방하거나 재발을 방지하기 위한 대책을 사회 전체 차원에서 추진해가야만 한다. 그렇게 하기 위한 효과적인 방책이 이미 일어난 사고의 원인을 분석해 거기서부터 똑같은 사고가 다시 일어나지 않게 하고 또 다른 사고도 막는 데 기여하는 지식과 교훈을 얻기 위한 사고조사이다.

항공과 철도 등의 운송사고 분야에서는 이미 많은 나라에서 사고조사를 전문적으로 하는 정부기관이 설치되어 사고조사활동이 계속되고 있다. 일본에서도 운송안전위원회라는 상설 사고조사기관이 존재한다. 이 위원회는 1974년에 설치된 항공사고조사위원회2001년부터 항공·철도사고조사위원회를 계승하여 2008년에 발족한 조직으로, 항공·철도·선박의 사고조사를 관장하고 있다. 이와 같은 조직을 예로 들면, 스웨덴에는 사고조사청SHK이 존재한다. 이곳의 독특한 점은 단순한 운송사고 조사를 하는 것만 아니라, 화재나 지반 붕괴, 그리고 원자력발전소 사고조사도 맡고 있다는 점이다.

그러나 스웨덴과 같은 상설 사고조사기관이 원전사고를 조사하는 사례는 세계적으로도 유례가 없다. 일반적으로는 원전을 보유한 나라에서 사고가 일어난 경우, 정부 등에 의해 임시로 조사위원회가 설치되어 사고조사가 이루어진다. 이번 일본의 경우에서도 정부하에 하타무라 요타로를 위원장으로 하는 정부사고조사위가, 그리고 국회하에 도쿄전력 후쿠시마원자력발전소 사고조사위원회구로카와 기요시 위원장가 각각 임시로 설치되어 사고를 조사했다.

정부사고조사위가 규명한 것

정부사고조사위가 공표한 「중간보고」 및 「최종보고」의 요점을 정리해 보면 다음과 같다.

후쿠시마 제1원전의 사고원인은 직접적으로는 지진·쓰나미라는 자연현상에 기인한 것이다. 그러나 사고가 아주 심각하고 대규모였던 배경에는 사전의 사고방지대책·방재대책, 사고발생 후 발전소에서의 현장대처, 발전소 밖에서의 피해확대방지책에 있어서 여러 가지 문제점이 복합적으로 존재하고 있었다. 예를 들어, ① 도쿄전력과 보안원 등이 사전에 중대사고대책이 미비했던 점, ② 쓰나미 위험성을 과소평가해 쓰나미대책이 미비했던 점, ③ 원자력재해가 복합적으로 일어날 것을 예상하지 못하고 그것에 대한 대비가 부족했던 점, ④ 대량의 방사성물질이 발전소 외부로 흩어져 날아갈 것을 예상한 방재대책이 부족했다는 점, ⑤ 사고발생 직후 도쿄전력

그림 1-3 정부사고조사위에 의한 후쿠시마 제1원전 현지조사
(2011년 6월17일)

의 현장대처가 서툴렀다는 점, ⑥ 정부와 지자체의 발전소 외부의 피해 확
대방지 등에 결함이 있었던 점, ⑦ 정부의 위기관리태세에 약점이 있었다
는 점 등이다.

그리고 무엇보다도 도쿄전력을 포함한 전력사업자나 국가가 일본의 원
자력발전소에서는 노심용융*과 같은 심각한 사고는 일어나지 않는다는 안
전신화에 사로잡혀 있던 탓에, 위기가 우리 주변에서 일어날 수 있는 현실
로 보지 않게 됐다는 데 근본적인 문제가 있었다.

이상과 같이 정부사고조사위는 1년 남짓 조사·검증활동을 통해서 후쿠
시마 원전사고의 원인에 관해 사실관계의 큰 틀에서는 대부분 해명·검증
을 했다. 그러나 한편으로 원자로 주변의 방사선량이 아주 높았기 때문에

---

* 爐心鎔融: 원자로의 냉각장치가 멈춰 원자로가 담긴 압력용기 안의 온도가 급격히
   올라가면서 핵연료봉인 노심이 녹아내려 파손되는 현상

원자로시설 안에 들어가서 조사할 수 없었고, 시간적·상황적 제약이 많아 조사하는 데 한계가 있었다. ① 주요시설원자로의 손상이 발생했던 장소, ② 피해가 시간에 따라 어느 정도였는지의 상세한 과정, ③ 방사성물질의 누출경위, ④ 주민 등의 건강에 끼친 영향, ⑤ 농축수산물 등과 공기·토양·수질 등의 오염실태 등에 관해서는 충분히 해명할 수 없다. 이처럼 정부사고조사위의 사고조사·검증은 과제도 남기고 있다.

제2장부터는 정부사고조사위 보고서에서 해명된 기본적 사실을 전제한 뒤에 필자들의 지식을 더해 후쿠시마 원전사고를 분석하고 검증하고자 한다.

안전신화의 붕괴
후쿠시마 원전사고는 왜 일어났나

후쿠시마 제1원전에서
일어난 일

제2장은 정부사고조사위의 보고서 중 현장에서의 사고대처 부분을 중점적으로 다룬 것으로, 용어 사용이나 표현이 다소 다르기는 하나 보고서의 내용과 일치한다. 또한 앞서 다루었던『후쿠시마원전에서 무슨 일이 일어났는가-정부사고조사위원회 기술해설』에서 발췌한 것도 있으니 더 구체적으로 알고 싶은 독자는 이것을 참조해 주길 바란다.

원자력발전소의 주요설비

원자력발전소란

원자력발전소는 우라늄연료에 중성자를 때려 핵분열을 시켜 그때에 발생하는 핵분열에너지로 인한 열을 발전에 이용한다. 우라늄연료는 원자로 압력용기 안에서 열을 내어 그 안에 있던 물을 증발시킨다. 발생한 증기는 배관을 통해 증기터빈에 보내져 발전에 이용된다. 후쿠시마 제1원전의 원자로는 비등수형BWR 경수로로 불리며 가장 많이 보급되어 있는 2가지 형태 중의 하나이다. 일본에서는 비등수형이 조금 많은 편이지만, 세계적으로는 가압수형PWR으로 불리는 또 다른 형태가 더 많은 편이다.

원자로가 있는 원자로 건물은 지상 5층, 지하 1층의 구조물로 높이는 지상 약 45m이다. 그 안에는 압력용기, 격납용기, 사용후핵연료저장조 등이 있다. 또한 비상용 냉각설비의 대부분은 이 건물 지하 1층에 배치되어 있다. 터빈건물에는 터빈발전기와 주복수기主腹水機가 배치되어 있다. 그 지하 1층에는 대부분 비상용 디젤발전기D/G: Diesel Generator가 배치되어 있다그림 2-1. 또한 터빈건물의 지하 1층과 지상 1층에는 대부분 배전반이 설치

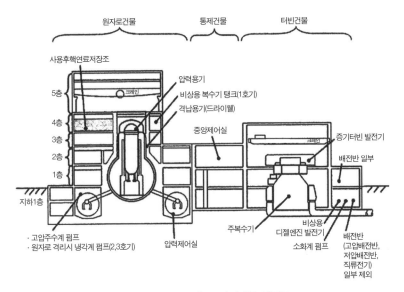

사용후핵연료저장조

5층

4층

3층

2층

1층

지하1층

· 고압주수계 펌프
· 원자로 격리시 냉각계 펌프(2,3호기)

압력제어실

크레인

압력용기

비상용 복수기 탱크(1호기)

격납용기(드라이웰)

중앙제어실

주복수기

비상용
디젤엔진 발전기

소화계 펌프

크레인

증기터빈 발전기

배전반 일부

배전반
(고압배전반,
저압배전반,
직류전기)
일부 제외

그림 2-1　원자로건물·터빈건물 단면도

주 : 위 그림에서는 선으로 설비 장소를 나타내고 있는데, 이들은 어느 층에 있는지를 나타낼
뿐 그 이상의 의미는 없다.

되어 있는데 이들이 쓰나미로 물에 잠긴 것이 사고가 심각해진 직접적인
원인이 되었다.

원자로

원자로는 높이 약 20m의 압력용기와 그 바깥측 높이 약 34m의 격납용기
로 되어 있다. 압력용기는 두께가 약 160㎜나 되는 강철제의 단단한 용기
로, 그 내부에서 연료가 핵분열하면서 고온고압의 수증기를 발생시킨다.
격납용기는 두께 약 30㎜의 강철제 대형용기로 방사성물질을 외부에 누
출시키지 않도록 하기 위한 '최후의 보루'와 같은 역할을 담당하는 중요한

설비이다.

격납용기는 '드라이웰D/W'이라 불리는 플라스코형의 용기와 '압력제어실S/C'로 불리는 도넛형의 용기로 되어 있다. 이 두 용기는 '벤트관管'이라는 8개의 굵은 관으로 연결되어 있어서 압력차가 커지지 않도록 설계되어 있다. 드라이웰이라는 명칭은 압력제어실과 달리, 물이 들어 있지 않다. 압력제어실은 격납용기 하부의 도넛형 용기로 3,000t에 가까운 대량의 물을 비축하고 있다. 배관이 파손되거나 안전밸브가 열려 고온의 증기가 새면 이 물로 냉각시켜 액체로 되돌림으로써 격납용기 전체의 압력이 오르지 않도록 한다. 이 때문에 압력제어실이라고 불린다. 비상용 냉각장치에 물을 공급하는 기능도 한다. 그밖에 웨트웰Wet well, 토러스 등의 여러 가지 명칭으로 불리고 있다.

안전밸브Safety Relief 밸브는 압력용기의 압력이 허용치를 넘는 경우에 작동하는 압력제어용 장치이다. 원자로 한 기에 8개1호기에는 4개가 설치되어 있고 중앙제어실에서 조작해야만 열리는 안전밸브와 탄력에 대항해서 자동으로 열리는 안전밸브 기능을 함께 갖고 있다.

냉각설비

제1장에서도 언급한 바와 같이 원전의 안전 확보는 '멈춘다' '식힌다' '봉한다'라는 3가지 대원칙이 있다. 그 때문에 '냉각'기능을 하는 노심냉각 설비는 원자로가 멈추거나 사고가 일어날 때 가장 중요한 역할을 담당한다. 이 설비들은 여러 가지 상황에 대응할 수 있도록 종류가 다양하다그림 2-2. 그리고 냉각을 해야만 하는 상황 중에는 '발전 중 통상운전'에서부터 노심손상에 이르는 '중대사고'까지 여러 단계가 있다.

① 발전 중의 냉각

원자로에서 나오는 고온고압의 수증기는 터빈을 돌린 뒤에 주복수기(증기가 식어 액체로 되돌아가기 때문에 복수기로 불린다)에서 식어 물로 변해 다시 원자로로 돌아간다. 평상시 가동 중인 원자로에서는 핵분열로 인해 많은 열이 발생한다. 그 열의 약 3분의 1은 전기로 전환되지만, 3분의 2는 식혀서 없애야 하기 때문에 주복수기의 냉각능력은 매우 중요하다. 열교환기에서 물로 바뀐 열은 바닷물로 버려진다.

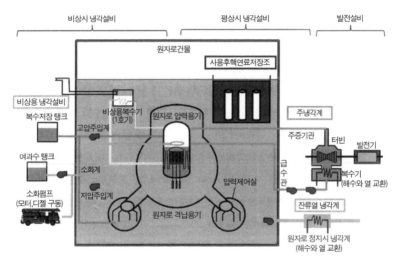

그림 2-2 원자로 냉각계의 전체도(1호기의 예)

② 평상시 가동을 멈출 때의 냉각(비상정지도 거의 동일)

정기점검을 위해 멈추거나 지진 등으로 원자로가 긴급정지하면 핵분열은 멈추게 되지만 붕괴열은 계속해서 발생한다. 그러나 외부전원 등이 꺼지면 주복수기로 가는 증기 배관은 자동으로 닫힌다원자로와 주복수기를 포함한 전기설비가 분리되기 때문에 '격리'라고 한다. 그로 인해 원자로는 열을 버릴 장소를 잃어버리게 되기 때문에 주복수기보다 용량이 적은 '잔류열 제거계'로 불리는 시스템이 작동해 원자로를 식히게 된다.

③ 사고가 났을 때의 냉각

이번 사고와 같이 잔류열 제거계가 작동하지 않거나 배관 등이 파손되는 냉각재 누출사고LOCA(Loss Of Coolant Accident): 원자력 관계자가 '비상시'라고 할 때에는 대부분 냉각재 누출사고를 염두에 두는 것이다가 발생하는 긴급사태에 대비해 상당수의 '비상용 노심냉각계'가 준비되어 있다. 그 중에는 전원이 필요한 것과 이번 사고와 같이 모든 전원이 꺼져도 작동할 수 있는 것, 압력용기가 평상시 가동할 때와 같은 약 7MPa*약 70기압의 고압에서도 냉각수를 주입할 수 있는 고압계나 1MPa 이하가 되지 않으면 냉각수가 주입되지 않는 저압계 등 종류가 다양해 여러 가지 상황에 대처할 수 있다.

'비상용 복수기IC(Isolation Condenser)'는 1호기에만 사용되고 있다. 원자로를 격리할 때 사용하는 냉각계의 일종이다. 평상시인 7MPa 정도의 고압에서도 압력용기에 물을 주입할 수 있으며 동력 없이 자연순환으로 식힐 수

---

* 1MPa(메가파스칼)은 약 10.2기압 또는 10.2kgf/cm²이다. 또한 원자력발전소에서는 압력값은 통상 2종류의 방법으로 표시되어 있다. 즉, 압력용기 내의 압력은 대기압과의 차(게이지압)로 표시된다. 따라서 대기압과 같다면 '0MPa'이다. 한편 드라이웰 압력이나 압력제어실 압력은 절대압력값으로 표시된다. 따라서 대기압과 같다고 한다면 '0.1MPa'이 된다. 그러나 이 책에서는 혼란을 피하기 위해 이하 모든 압력값을 일상생활에서 늘 사용하고 있는 대기압과의 차인 '게이지압'으로 기술하기로 한다.

있다. 복수기탱크에 물을 넣으면 장시간 가동된다. 하지만 이번 사고에서는 회로의 차단밸브가 페일세이프* 기능을 잃어버려 모든 전원이 나갔는데도 거의 기능을 하지 않았다.

'원자로 격리시 냉각계RCIC(Reactor Core Isolation Cooling system)'는 1호기의 비상용 복수기를 대신해 2~6호기에 설치되어 있다. 압력이 높아도 물을 넣을 수 있고 원자로의 증기로 펌프를 움직이기 때문에 교류전원이 나가더라도 움직인다. 8시간 이상 운전하지 않는 것이 안전한데, 이번 사고에서도 2호기와 3호기에서는 중요한 역할을 담당하였다. 단 작동하려면 직류전원이 필요하지만 직류전원이 끊어진 2호기에서는 제어할 수 없는 상태로 3일 가까이 계속해서 작동하였다.

'고압주수계HPCI(High Pressure Coolant Injection system)'는 모든 호기에 설비되어 있는 비상용 냉각시스템이다. 압력용기의 압력이 높아도 물을 넣을 수 있으며 원자로 격리시 냉각계와 마찬가지로 압력용기에서 발생하는 증기로 움직인다. 시간당 냉각수 주입량도 많고 냉각재 누출사고 등의 중대사고에서 꺼낼 수 있는 '마지막 카드' 격인 설비이다. 이번 사고는 3호기에서만 제대로 가동하였다.

증기배출 설비

'벤트ventiration'라고도 하는 이 설비는 중대사고가 발생하여 격납용기의 압력이 높아졌을 때에 용기가 폭발하지 않도록 하기 위해 증기를 밖으로 내보내는 것이다. 압축공기로 열리는 공기구동 밸브A/O밸브, 전기로 움직이는

---

* 기계나 설비에 어떤 문제가 발생했을 때 자동으로 안전장치가 작동하도록 고안되어 있는 설계개념

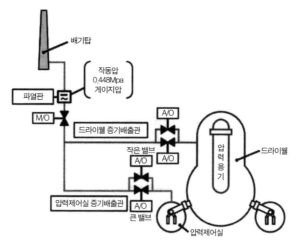

배기탑

작동압
0.448Mpa
게이지압

파열판

M/O

드라이웰 증기배출관

A/O

A/O A/O

작은 밸브

A/O A/O

압력제어실 증기배출관

A/O

큰 밸브

압력
용
기

드라이웰

압력제어실

증기를 내보내기 위해서는 공기구동 밸브(AO), 전기구동 밸브(M/O), 파
열판 3가지가 모두 열려야 한다.

그림 2-3 증기배출 회로도(1호기의 예)

전기구동 밸브M/O밸브, 파열판 3가지가 전부 열려야만 증기를 내보낼 수 있
다. 파열판은 방사성물질이 밖으로 새지 않도록 설치되어 있는 안전밸브와
같은 역할을 하는 뚜껑으로 격납용기의 설계압력약 0.45MPa 이하에서는 열
리지 않는다. 이번과 같은 큰 사고가 나면 증기를 제대로 내보내지 못하는
문제가 생기기도 해서 미국에서는 폐지되었다.

증기배출은 〈그림 2-3〉과 같이 드라이웰에서 내보내는 것과 압력제어
실에서 내보내는 것 2가지가 있다. 증기가 압력제어실의 물을 통과할 때
는 방사성물질이 약 99%가 걸러지지만, 드라이웰에서 내보내는 증기는 그
대로 대기중으로 방출되어 버린다. 따라서 압력제어실에서 우선 내보내
고 드라이웰에서는 '비상중의 비상시'밖에 내보내지 않는다. 이번 사고에
서는 1호기와 3호기에서 압력제어실을 통해 내보내졌다. 2호기에서는 압

력제어실을 통해 제대로 내보내지지 않았기 때문에 3월 14일 밤에는 어쩔
수 없이 드라이웰에서 내보내려 했지만, 결국 어느 쪽도 내보내지 못한 것
으로 보인다.

전기구동 밸브에는 수동손잡이가 달려 있지만, 공기구동 밸브에는 1호
기의 작은 밸브를 제외하고는 달려 있지 않다. 수동으로 열리지 않은 것이
사고가 더욱 심각해진 중요한 원인의 하나가 되었다.

전원설비

원자력발전소에서는 평소 발전시스템을 움직이기 위해서 스스로 발전한
전력을 사용한다. 하지만 발전이 멈추면 외부전원을 사용한다. 외부전원
도 끊어지면 비상용 디젤발전기에 의존하기도 한다. 하지만 〈그림 2-4〉와
같이 배전반을 지나는 전력을 이용하기 때문에 외부전원이나 비상용 발전

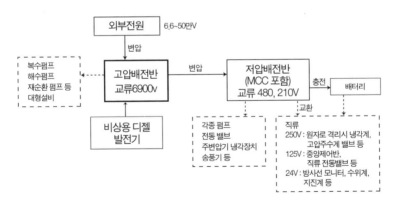

주 : 고압배전반과 저압배전반에는 각각 상용과 비상용 두 가지로 이용된다. MCC란 Motor
Control Center의 약자로, 저압배전반에서 수신한 전력을 소형개폐기를 통해 소형설비로 공
급한다.

그림 2-4 후쿠시마 제1원전 전원계통도

기가 살아있다 하더라도 배전반이 그 기능을 하지 못하게 되면 결국 발전 시스템은 멈춰 버린다.

배전반에는 고압배전반Metal-Clad Switch Gear, 가설배전반과 저압배전반 Power Center, 파워센터 두 종류가 있다.

고압배전반은 6900V의 고압전원용·금속폐쇄배전반으로, 해수펌프나 복수펌프 등 대형설비를 직접 움직이는 동시에 저압배전반에 전력을 공급한다. **전원시스템 안에는 전부 고압배전반으로 돌아가는 장치들뿐이었고, 이번 사고에서는 쓰나미로 고압배전반이 물에 잠겨 전원이 끊어진 것이 가장 결정적인 원인이었다.**

저압배전반은 480V의 저압교류전원용 배전반이다. 고압배전반에서 나오는 전력의 전압을 480V로 떨어뜨려 공급한다. 발전소 내 대부분의 설비는 이 저압배전반으로 움직인다.

직류전원은 설비를 감시하고 조작하는 데에 반드시 필요한 것이어서 보

외부전원이 끊어진 원인으로 여겨지는 사진이지만 이 송전선은 5, 6호기 용으로 중대사고를 일으킨 1~4호기와는 관계가 없다. 또한 모든 호기의 외부전원이 끊어진 주원인은 차단기다. '야노모리선(夜の森線)'이 무너져 전원이 끊어졌는지는 명확하지 않다.

그림 2-5 무너진 야노모리선의 철탑

통은 교류가 저압배전반에서 직류로 바뀌어 각각 공급된다. 이번 사고에서는 3호기를 제외한 1, 2, 4호기에서 직류전원이 끊긴 것이 사고대응에 '치명적인' 악영향을 미쳤다.

② 쓰나미의 습격에서 전원 상실까지의 과정

3월 11일부터 5일간 수소폭발 등의 중요한 사건과 냉각수 주입 등 사고대응의 경위를 호기별·시간별로 정리한 것이 다음 쪽의 〈그림 2-6〉이다.

1호기에서는 11일 밤부터 사고가 빠르게 커지고 있었고, 이어서 13일 오전중에 3호기가, 14일 오후에 2호기가 각각 심각한 상태가 되었다. 이 절節에서는 11일 전원이 나가기까지의 과정으로 시작하겠다. 또한 사고가 빨리 진행되었던 순서인 1, 3, 2, 4호기 순으로 기술한다.

지진에서 쓰나미 도달까지의 상황

3월 11일 14시 46분 무렵 진도6강의 지진이 발생하였다. 당일 후쿠시마 제1원전에서 1~3호기는 운전 중이었고, 4~6호기는 정기점검 중이었다. 지진이 일어난 즉시 제어봉을 삽입한 긴급정지 처치가 자동조작되었고 핵분열 반응은 멈추었다. 곧이어 운전원은 발전소 내 전원을 외부전원으로 교체하기 위해 작업을 시작하였지만, 거의 동시에 지진의 충격으로 외부전원이 끊어졌다. 그래서 비상용 디젤발전기가 자동으로 켜지게 되었다. 그리고 외부전원이 끊어질 때 페일세이프 기능으로 주증기격리 밸브증터빈과 주복수기로 가는 메인배관을 잠그는 밸브가 자동으로 닫혔다. 긴급정지가 작동된 후 이

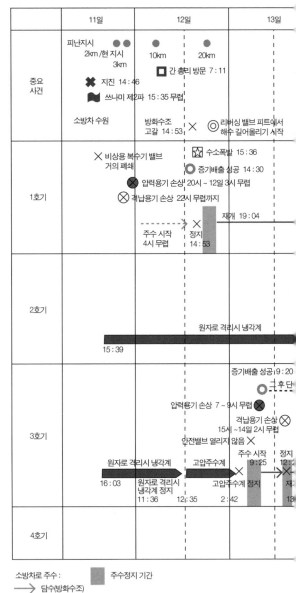

	11일	12일	13일
중요 사건	피난지시 2km /현 지시 3km ●● 지진 14:46 ✖ 쓰나미 제2파 15:35 무렵 🏴 소방차 수원	10km ● 20km ● 간 총리 방문 7:11 ◼ 방화수조 고갈 14:53 ✕	리버싱 밸브 피트에서 ◎ 해수 길어올리기 시작
1호기	✕ 비상용 복수기 밸브 거의 폐쇄	🔳 수소폭발 15:36 증기배출 성공 14:30 ◎ 압력용기 손상 20시 ~ 12일 3시 무렵 ● 격납용기 손상 22시 무렵까지 ⊗ - - - - - - - ➞ ✕ 재개 19:04 주수 시작 정지 4시 무렵 14:53	
2호기		원자로 격리시 냉각계 15:39	
3호기		압력용기 손상 7~9시 무렵 ● 안전밸브 열리지 않음 ✕ 원자로 격리시 냉각계 고압주수계 16:03 원자로 격리시 냉각계 정지 고압주수계 정지 11:36 12:35 2:42	증기배출 성공 9:20 그 후 단 격납용기 손상 ⊗ 15시 ~14일 2시 무렵 주수 시작 정지 9:25 12: 재: 13
4호기			

소방차로 주수 : ▨ 주수정지 기간
➡ 담수(방화수조)
➡ 해수 · 점선은 단속적 실시

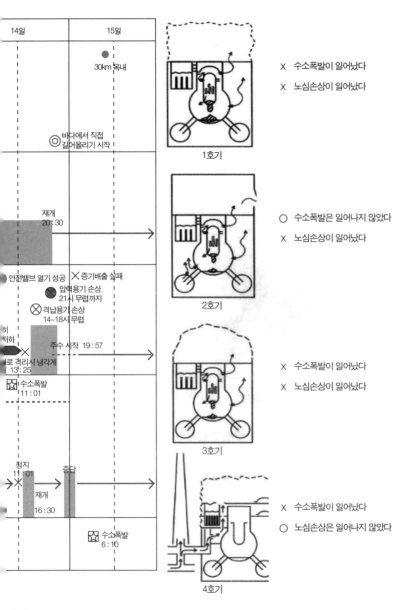

그림 2-6 각 호기별 사고경위

주에쓰 앞바다 지진(中越沖地震)의 교훈으로 원전사고가 나기 불과 8개월 전인 2010년 7월에 설치되었다. 독립 자가발전기도 보유하고 있는 이 설비의 효과는 컸다.

그림 2-7 원전통제시설

런 일련의 움직임은 어쨌든 순조로웠다.

이어서 주복수기가 격리될 때의 대체냉각시스템인 비상용 복수기1호기만와 원자로가 격리될 때의 제어계2, 3호기가 자동이나 수동으로 기동되었다. 또한 원전통제시설에는 발전소대책본부가 설치되어 도쿄전력 본사의 본사대책본부와 화상회의를 하며 정보를 공유하는 체제를 잡아가기 시작했다.

지진이 난지 50분 정도 흐른 뒤 모든 전원이 끊어지기 직전인 15시 39분 무렵, 2호기에서는 그때까지 원자로 수위를 체크하여 자동으로 멈춰 있던 원자로 격리시 냉각계를 때마침 원자로 수위를 확인하던 운전원이 '닫음'으로 조작하였다.

만약 이 조작이 조금이라도 늦었다면 이 원자로 격리시 냉각계는 직류전원이 끊어져 멈춰서 버렸을테고, 2호기의 사태는 실제보다 훨씬 악화되었을 가능성이 높다. 원자로 격리시 냉각계는 그 후, 제어불능상태로 3일 가까이 계속해서 가동되었다.원자로 격리시 냉각계는 개폐밸브가 열려 있으면 나중

에 교류전원이 없어도 원자로의 증기로 터빈이 돌지만, 밸브를 열고 닫으려면 직류전원이 125V가 필요하다

지진으로 인한 배관파손 등의 가능성에 대해서

정부사고조사위가 제출한 보고서에는 원자로의 압력·수위와 방사선의 자료를 근거로 지진이 나고 모든 전원이 끊어지기까지 약 50분간 각 시설물의 상태를 보고한 내용이 있다. 압력용기와 그 주변부, 격납용기와 그 주변부, 1호기의 비상용 복수기의 배관과 복수기, 2·3호기의 원자로 격리시 냉각계, 3호기의 고압주수계의 기능이 지진으로 '폐쇄기능을 잃어버린 듯한 손상'은 입지 않았다고 밝혔다. 또한 1, 2호기의 고압주수계도 '물을 못넣을 만큼 망가졌을 가능성은 낮다'고 보고하였다.

또한 정부사고조사위가 부정한 '가능성'은 쓰나미 도달 이전의 '폐쇄기능을 상실한 듯한 손상'이다. 바꿔 말하면 '어떤 크기 이상의 누수면적을 수반한 듯한 손상'이며, 그 이하의 작은 균열의 발생 가능성까지도 부정하는 것은 아니다. '지진으로 작은 균열이 발생해 모든 전원 상실 후 그 손상 입은 자리가 확대되었다'고 한 가능성은 부정할 수 없다. 다만 이 같은 상황을 의심케 할 증거는 앞의 설비에 대해 아무 것도 발견하지 못하고 있다는 것 또한 사실이다.

쓰나미로 인한 전원 상실

15시 35분 무렵 두 번째 해일이 도달하였다. 1~4호기 지역의 쓰나미 침수 높이는 11.5m~15m, 국지적으로는 17m였다. 맨 먼저 해안과 가까운 해발 4m 부지에 설치된 비상용 설비의 '해수펌프' 전부가 물에 잠겼다. 이 펌프나 구동모터가 얼마나 파손되었는지 알 수는 없지만 모두 제 기능은 못

하였다.

원자로 건물과 터빈건물이 있는 주요부의 부지높이는 10m이었기 때문에 이들 시설은 최대 7m까지 물에 잠기는 피해를 입었다그림 2-8. 그리고 출입문과 공기주입구로 물이 들어와서 터빈건물 지하 1층에 설치된 배전반 등 대부분의 설비가 제대로 작동하지 않았다. 이것이 모든 전원이 꺼지고 사고가 커진 불씨였다. 원전통제시설에 있던 발전소대책본부 방에는 창문도, 부지를 살피는 외부감시카메라도 없기 때문에 모든 전원이 나가고 한동안은 그 원인이 쓰나미인 줄 알지 못하였다.

모든 호기에서 교류전원이 끊기고 1, 2, 4호기에서는 직류전원까지도 끊어졌다는 보고가 잇달아 들어오자 발전소대책본부에서는 상상을 초월하

주요부 부지높이 10m

해수펌프 지역
부지높이 4m

그림 2-8 후쿠시마 제1원전 중심부 해발높이

는 사태에 모두 할 말을 잃었다. 요시다 마사오 소장은 이제까지 예상해 왔던 모든 중대사고를 훨씬 뛰어넘는 사태가 일어났음을 직감하고 순간적으로 무엇을 해야만 하는지 생각이 잘 나지 않았지만, 우선 법령에 의거해 모든 교류전원이 끊어지는 사태가 일어났음을 관공서 등에 통보하였다.

주요부가 물에 잠긴 상황은 1~3호기가 거의 비슷하였다. 터빈건물의 출입문이나 공기주입구로 바닷물이 들어와 터빈건물, 통제건물, 원자로 건물의 지하 1층과 반지하층 전체가 물에 잠겼다. 터빈건물 지하 1층에는 비상용 발전기와 상용·비상용 교류배전반 등의 전원계와 소화계 설비가, 통제건물의 지하 1층에는 직류전원계1, 2, 4호기가, 그리고 원자로 건물 지하 1층에는 원자로 격리시 냉각계와 고압주수계 등 비상용 냉각계의 대부분이 설치되어 있었다.

15시 37분~42분 6호기의 공기로 식히는 방식인 비상용 디젤엔진발전기 한 대를 제외하고는 1~6호기의 모든 교류전원이 끊어졌다. 직류전원 또한 1, 2, 4호기에서 끊어졌다. 3호기에서는 직류전원 설비가 반지하에 있었기 때문에 물피해는 당했지만 기능을 잃어버리지는 않았다. 그 덕에 3호기에서는 이후에도 한동안 원자로 격리시 냉각계와 고압주수계를 작동할 수 있었다.

지진으로 인해 외부전원이 끊어지면 의지하게 되는 것은 본래 비상용 디젤엔진발전기이다. 1~4호기의 이 발전기는 각 호기마다 2대씩 전부 8대이다. 1999년에 안전대책을 강화하기 위해 증설했는데, 2호기 1대와 4호기 1대는 떨어져 있던 공용저장조 건물해발 10m의 1층에 설치되었고, 나머지 6대는 터빈건물 지하 1층에 설치되었다. 공용저장조 건물의 2대는 지상에 있었기 때문에 물피해는 당했지만 잠기지 않고 살아남았다. 그 2대는 엔진을 공기로 식히는 방식이었기 때문에 해안 가까이 있던 '전멸한 해수펌프'

와는 상관 없이 돌아갈 수 있었다.

그러나 치명적인 문제는 이 발전기 본체가 멈춘 것이 아니라, 지하에 있던 거의 모든 배전반이 물에 잠겨 고장났다는 데 있었다. 공용저장조 건물에 있었던 2대의 비상용 발전시스템도 발전기는 지상에 있었지만 배전반은 지하 1층에 설치되어 있었다. 그 때문에 다른 6대와 같이 제 기능을 못하고 결국 1~4호기의 교류전원은 전부 끊어지고 말았다.

종종 '지진으로 평소 사용하던 외부전원이 끊어진데다가 쓰나미로 비상용 발전기마저 물에 잠겨 모든 교류전원이 끊어졌다'라고 하지만 그것은 틀린 말이다. 1~4호기의 배전반에서는 고압배전반 전부와 저압배전반대부분

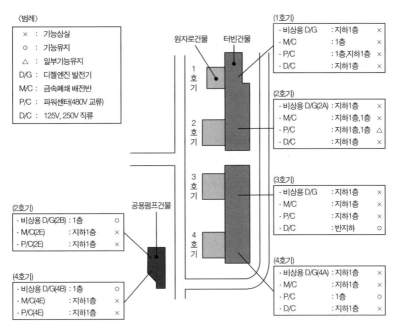

그림 2-9 비상용 디젤발전기, 배전반 배치와 상실 상황

이 물에 잠겨 기능이 멈춘 것이다. 그 때문에 가령, 외부전원이 무사히 발전소 입구에까지 보내졌다 할지라도 모든 교류전원이 나간 사고 초기의 상황에는 그다지 변함이 없었다고 생각된다.

중대사고를 피할 수 있었던 6호기에서는 비상용 디젤엔진발전기 1대와 고압배전반은 제대로 돌아가고 있었고, 더욱이 5호기의 전력을 돌려쓸 수 있었기 때문에 5, 6호기는 모든 전원이 끊어지지는 않았다.

1~4호기와의 결정적 차이는 비상용 디젤엔진발전기가 아닌 고압배전반이 살아남았는지 여부였다. 또한 1호기와 2호기, 그리고 3호기와 4호기는 서로 전원을 돌려쓸 수 있도록 설계되어 있다. 따라서 **만약 배전반만 무사했더라면 살아남은 2대의 비상용 디젤엔진발전기가 모든 호기로 최소한도로 필요한 전기를 공급해 노심까지 손상되는 사고로 커지지 않을 수도 있었다.**

③ 모든 전원 상실 후 1호기의 상황

작동하지 않은 비상용 복수기의 안전장치

1호기는 직류를 포함한 전원이 쓰나미로 물에 잠기면서 모두 끊어졌다. 중앙제어실은 암흑상태가 되고 직류전원이 끊어지자 각종 계기도 전부 꺼지게 되었다.

비상용 복수기는 그때까지 운전원이 열고 닫기를 반복해가면서 순조롭게 기능하고 있었지만, 모든 전원이 나가면서 안전장치가 작동하기 위해 밸브냉각회로의 차단밸브 4개 전부 '닫힘' 신호가 들어왔다. 그와 동시에 밸브를 움직이는 동력원인 교류도 끊어졌다. 즉, '밸브 닫힘' 신호가 들어옴과 동시에 밸브를 잠그기 위한 구동전원도 끊어진 것이다. 그 때문에 실제로 밸브가 잠겼던 것인지, 아니면 잠그려는 도중에 멈춰 버린 것인지는 판단이 서지 않는다.

그러나 전원이 끊긴 후 2시간 남짓 지나지 않았던 18시 무렵부터 방사선량 상승 데이터가 검출되기 시작한 것과 그 후 조사결과 등을 보면 비상용 복수기가 처음부터 거의 기능하지 않았다는 것이 확실해졌다. 그 때문에 냉각되었어야 할 원자로의 고온증기가 복수기로 순환하지 않게 되어 1호기의 냉각 기능은 거의 사라지게 되었다.

이것은 안전대책의 바탕이었던 '안전장치' 대책이 엉뚱한 결과를 낳았다는 것을 나타내었다. 즉, 후쿠시마 제1원전에서는 '페일=이상사태'시에는 여하튼 방사능의 누설을 막기 위해 압력용기를 '봉하는' 것이 '세이프=안전지대'라는 바탕 위에 설계된 것이었다. 그러나 이 생각은 다른 냉각수단을 전부 잃어버린 이번과 같은 심각한 경우에서는 냉각회로가 차단되어 오히려 훨씬 위험한 상태에 몰리는 모순이 숨어 있었다. 덧붙여서 2호기부터 설치된 원자로 격리시 냉각계에서는 격리밸브가 직류전원을 잃어버리더라도 그대로 상태를 유지할 수 있도록 설계되어 있다.설계개념이 다르다

관계자 누구도 비상용 복수기가 멈춘 것을 눈치채지 못했던 직접적인 원인은 우선 직류전원이 끊어질 것을 대비한 교육훈련이 전혀 이루어지지 않았던 데 있다. 그 원인으로 '장기간 교류전원 끊김은 고려하지 않아도 된다'고 한 원자력안전위원회의 안전설계심사지침을 지적할 수 있다. 왜냐하면 배터리는 단시간에 완전히 방전되지 않기 때문에 만약 교류전원을 짧은 시간 안에 복구할 수 있다면 필요에 따라서 배터리가 충전되어 직류전원은 반드시 유지된다고 생각할 수 있다. 따라서 직류전원은 순식간에 꺼

지더라도 걱정할 필요가 없다는 뜻이 된다. 그러나 실제로는 1호기의 배터리를 포함한 직류전원 설비는 물에 잠기자마자 기능이 멈추었고 충전을 해야 할 교류전원도 열흘 이상 복구되지 않았다.

그렇다손 치더라도 운전원뿐만 아니라 발전소대책본부, 본사대책본부, 보안원 및 원자력안전위원회 등 그 어떤 관계자도 비상용 복수기가 거의 움직이지 않고 있다는 사실을 알아차리지 못하였다는 것도 문제이다.

우선 당직 운전원이 명확하게 알아차리지 못한 이유로 누구도 비상용 복수기를 실제로 운전해 본 경험이 없었다는 점을 들 수 있다. 운전시에는 증발한 수증기가 배기구통칭 '돼지코'(그림 2-10)를 통해 수평방향으로 강하게

비상용 복수기용의 증기분출관 2개가 1호기 원자로 건물벽 위쪽에 튀어나와 있다. 이 파이프는 육지쪽으로 향해 있어 원전통제시설쪽에서는 보이지만 중앙제어실쪽에서는 바로 보이지 않는다.

그림 2-10 돼지코

분출하는데, 그때 정전기가 발생하여 우뢰와 같은 푸른빛을 내며 '꽝'하는 굉음을 낸다는 등의 얘기를 선배들에게 전해들은 사람만이 있을 뿐이었다. 그리고 1호기는 MARK I형 중에서도 가장 오래되고 원자로 격리시 냉각시스템으로 비상용 복수기를 사용하고 있다. 이 비상용 복수기를 채택하고 있는 플랜트는 일본 국내에서는 일본원자력발전·쓰루가敎賀원전 1호기밖에 없었다. 그 결과, 비상용 복수기 정보를 입수하기 힘들었다는 점도 이유로 들 수 있다.

그것은 그렇다하더라도 발전소대책본부가 있는 원전통제시설쪽에서 보면 돼지코에서 분출되는 증기가 또렷하여 비상용 복수기의 작동상황에 조금이라도 의문을 가졌으면 즉시 확인할 수 있었을 것이다. 운전원은 복수기에서 나오는 증기량이 너무 적다는 것이 의심스러웠지만 원자로 건물 너머밖에 보이지 않아 상황을 정확히 파악할 수 없었다. 그 때문에 운전원은 18시부터 21시까지 세 번에 걸쳐 3A밸브를 '열기→닫기→열기' 순으로 조작하였다. 비상용 복수기를 수동으로 열고 닫을 경우에는 4개의 밸브 중 나머지 3개는 열어 두고 3A밸브만 열고 닫도록 매뉴얼에 정해져 있기 때문이다. 그러나 안전장치 기능에서 3A밸브 이외의 밸브가 거의 닫혀 있었기 때문에 3A밸브를 열고 닫아도 실제로는 의미가 없었다.그림 2-11

11일 16시 무렵, 요시다 소장은 안전장치가 작동하는 상황에서 비상용 복수기가 멈추리라는 생각까지는 못하였지만, 그렇다고 비상용 복수기와 원자로 격리시 냉각계가 제대로 작동하리라는 확신도 없다. 그 때문에 비상용 복수기 대신 물을 주입할 대체수단이 필요하다고 판단했다. 전원이 모두 끊어진 상태에서는 비상용 복수기 외에 미리 준비된 대체수단은 디젤엔진으로 움직이는 소화펌프를 이용해 소화계로 물을 넣을 수밖에 없다. 이 경우에는 여과수탱크의 물을 사용하게 되어 있다.

그러나 요시다 소장은 여과수탱크에서 원자로 건물에 이르는 배관이 지진으로 손상되지 않았을까 걱정하였다. 그래서 사전 긴급대응책으로는 준비되지 않았지만, 17시 12분 무렵 임시조치로 소방차를 이용한 주수를 검토하도록 지시를 내렸다. 이 판단은 옳았고 12일 이후 소방차로부터 주수가 '생명줄'이 되었다.

이 '여과수'란 방사성물질을 걸러낸 물이었다. 발전소 전체가 함께 쓰고 있고 원자로 건물 등에서는 500m 이상 떨어진 장소에 있는 8000t의 대형 탱크 두 기에 저장되어 있다.

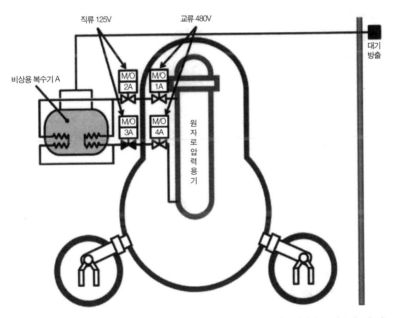

1호기에는 A계와 B계 2세트의 비상용 복수기가 있지만, 위 그림에서 A계만을 보여준다. 각 비상용 복수기의 냉각회로를 차단하는 밸브는 4개로, 그 전부가 열려 있지 않는다면 비상용 복수기는 기능하지 않는다. 그 중 2개는 격납용기 안에 있고, 다른 2개는 격납용기 바깥에 있다.

그림 2-11 비상용 복수기 밸브 배치도

비상용 복수기에 대한 운전원의 의문과 혼돈

11일 17시 반 무렵, 중앙제어실 당직 운전원 가운데는 비상용 복수기의 동작을 의심한 사람도 있었다. 거기서 운전원은 물을 넣을 대체수단이 필요한 사태에 대비해 디젤엔진으로 움직이는 소화펌프에 이상이 없는지 확인하고 언제라도 물을 주입할 수 있도록 대기하고 있었다. 게다가 17시 50분 무렵 비상용 복수기 탱크의 수량을 확인하기 위해 작업원이 원자로 건물로 갔지만 입구의 이중문 부근에서 방사선량이 높아 되돌아왔다. 이때의 방사선량은 그 후 수치와 비교해보면 대단하지는 않았지만 정상이라고는 할 수 없었다. 이 시점에서 이미 연료의 일부가 냉각수면보다 위로 노출되어 있었을 가능성은 충분해보인다.

18시 18분 무렵, 중앙제어실에서는 여태까지 꺼져 있던 비상용 복수기의 상태를 나타내는 램프가 저절로 '2A밸브와 3A밸브 전부 닫힘'으로 켜져 있는 것을 알아차렸다. 이때 당직은 안전장치가 작동해 비상용 복수기 밸브가 전부 잠겨 있을지도 모른다고 생각했지만, 그렇지 않을 가능성을 기대하면서 2A, 3A밸브를 열림으로 조작하였다. 그리고 대책본부에 이 두 밸브를 연 사실을 보고하였다. 게다가 운전원은 중앙제어실에서 나와 원자로 건물 너머로 피어오르는 소량의 수증기를 목격하였지만 곧 보이지 않았다.

18시 25분 무렵, 비상용 복수기에서 발생하던 수증기량이 줄어들자 비상용 복수기에 이상이 있음을 의심한 운전원은 '복수기의 냉각수가 줄어들어 증기가 발생하지 않게 되었고 그대로 계속해서 운전한다면 비상용 복수기의 배관이 파손될 수 있다'고 판단하고 3A밸브를 닫았다. 그러나 그것은 원전통제시설의 대책본부에는 전해지지 않았다.

21시 19분 무렵, 다시 잰 원자로 수위는 연료봉 상단보다 450㎜ 높아져 있었다. 그러나 이때 냉각수면이 연료봉 상단을 웃돌았는지는 확실치 않고 이미 수위계가 오작동하기 시작하지 않았을지 의심스럽다. 실제로 이후의 수위계 데이터는 계속 잘못된 수치를 표시하였다.

21시 30분 무렵, 당직은 3A밸브가 닫혀 있음을 나타내는 녹색램프가 또다시 사라졌다는 것을 알아차렸다. 운전원은 이대로 비상용 복수기를 정지시키면 배터리가 방전되어 다시 돌릴 수 없게 될 위험성은 높지만 가동할 가능성도 아예 없지는 않다고 판단하여 다시 한 번 3A밸브를 열어두었다. 이때 처음으로 증기가 방출되는 소리가 들리는 듯하더니 곧 잦아드는 것을 듣고 이 운전원은 역시 비상용 복수기가 제대로 돌아가지 않는 것을 감지했다. 그래서 3A밸브를 연 사실을 대책본부에 보고하였다. 18시 25분에 밸브를 닫았다는 보고를 받지 않은 대책본부는 밸브를 '다시 한 번' 열었다는 보고를 받고도 의심하는 사람은 아무도 없었다.

더욱이 2시간이나 지난 23시 50분, 발전소 내의 협력기업이 마련해 준 소형발전기를 중앙제어실에 가져와 격납용기의 드라이웰 압력을 측정해 보았더니 0.5MPa약 5기압이라는 매우 높은 수치를 보였다.

이 보고를 받은 요시다 소장은 마침내 비상용 복수기가 정상적으로 돌아가고 있지 않아 압력용기에서 수증기가 새어나와 드라이웰 압력이 이상 상승하고 있다고 생각하기에 이르렀다. 그때는 전원이 모두 끊어지고 8시간 이상이 흘렀고 노심이 녹아내리기 시작해 이미 압력용기와 격납용기에서 방사성물질이 새나오고 있었다고 보인다.

갑작스런 위기인식

비상용 복수기에 문제가 있음을 깨달은 요시다 소장은 주저없이 대책본부의 발전반과 복구반에 1호기 증기를 배출할 준비를 하도록 지시하였다. 동시에 2호기도 사태가 심각해질 것을 대비해 증기배출을 준비해두도록 지시하였다. 그리고 12일 오전 1시 30분 무렵까지 본사대책본부에서는 1, 2호기에서 증기를 배출하는 것에 대해서 시미즈 마사오카 사장의 양해를 얻었다. 또한 총리 관저와 보안원에도 보고를 하고 곧 간 총리 이하의 양해도 얻었다.

사용할 때를 대비해 전날부터 켜 두었던 1호기의 소화펌프가 원인은 알 수 없지만 멈춰 있었던 것으로 확인되었다. 그래서 대책본부는 남은 수단으로 소방차를 이용해 물을 넣을 수밖에 없다고 판단하고 즉시 점검하기 시작했다. 소방차로 물을 주입하는 훈련은 해본 적이 없었기 때문에 시간이 걸렸지만, 소방을 담당하고 있던 구내기업의 협력을 얻어 4시 무렵에는 소방차로 물을 넣기 시작할 수 있었다. 소방차 탱크의 물을 사용한 뒤에는 방화수조에서 퍼나르며 물을 넣은 탓에 당초 주수량은 수분당 1~2t에 그쳤다.

6시 50분, 가이에다 반리海江田万里 경제통산성 장관은 법률에 근거해 증기배출 명령을 발령하였다. 그때 증기배출이 어떻게 되어가고 있는지 별다른 보고가 도착하지 않자 도쿄측에서는 '주저하고 있는 것은 아닌가' 하고 조바심을 내는 이도 있었다. 그러나 현장에서는 여러 가지 상황이 한꺼번에 생겨 시간이 걸리는 것뿐이었지, 주저하고 있지는 않았다.

그때 관저에 있던 간 총리는 도쿄전력에게서 증기배출이 되지 않았던 이유를 명확하게 들을 수 없었던 것에 대해 불신을 품고 있었다. 그래서 마다라메 하루키班目春樹 원자력안전위원장과 함께 직접 헬리콥터로 방문하기로 하여 7시 11분 현지에 도착하였다. 본사에서는 무토 사카에武藤米 부사장 등이, 발전소에서는 요시다 소장 한 사람이 상황을 보고하면서 '9시 무렵을 목표로 증기배출을 실시하겠다'는 취지의 발언을 하였다. 요시다 소장에게 증기를 배출하겠다는 뜻을 직접 확인한 간 총리 일행은 바로 도쿄로 돌아갔다.

　12시 무렵까지도 여전히 증기배출은 순조롭게 진행되지 않았고, 요시다 소장은 담수를 다 쓸 경우에는 해수를 주입하기로 결단하고 해수를 흘려보낼 관 등을 만들도록 지시했다. 그래서 도쿄전력 사원과 관련 회사원들은 현장 부근에 사용할 수 있는 해수가 있는지 살펴보았다. 그리고 3호기의 리버싱 밸브 피트*에 쓰나미가 남긴 대량의 바닷물을 발견하였다. 해수를 넣는 것에 대해 무토 부사장 이하 도쿄전력 관계자, 마다라메 원자력안전위원장 등은 어쩔 수 없는 결정으로 판단하였고 반대한 사람은 없었다.

　12시 30분 무렵, 증기배출용 공기구동 밸브를 열기 위해 이동식 공기압축기를 협력기업에게서 받을 수 있었다. 그러나 이 밸브를 열기 위해서는 공기배관에 있는 전자밸브를 열어야만 했다. 발전소에 있던 이동식 교류전원을 접속하여 전자밸브를 열었다. 그러자 드라이웰의 압력이 내려가 1호기의 배기탑에서 흰 수증기가 나오고 있는 것이 텔레비전 영상으로도 확인되었다. 그래서 요시다 소장은 '증기배출은 이미 12일 14시 30분에 실시되었다'고 판단하였고 15시 8분에 관공서 등에도 그런 취지의 통보를 하였다.

수소폭발

증기배출은 성공했다. 그러나 12일 15시 36분 1호기의 원자로 건물이 이미 새어나간 수소에 의해 폭발되었다. 그로 인해 현장에서 작업하던 5명이 부

---

*　복수기에 해수를 역방향으로 흘려보내 부착물 등을 제거하기 위한 밸브가 설치되어 있는 풀 형태의 움푹 들어간 곳

상했고, 폭발의 영향을 조사해 안전이 확인될 때까지 한동안은 복구작업을 할 수 없게 되었다. 이제까지 새롭게 준비해 왔던 바닷물을 흘려보낼 소방호스가 파손되어 사용할 수 없게 되었지만 다행히도 소방차 3대는 기동할 수 있었다. 그러나 거의 복구되어가던 일부 전원을 수소폭발로 인해 처음부터 다시 해야 하는 등 그 여파에 요시다 소장은 실망을 금치 못하였다. 어쩔 수 없이 작업원들은 원전통제시설로 대피하였다.

수소폭발은 그 이전에 격납용기에서 새어나온 방사성물질을 흩뿌리는 원인은 되었지만, 누설이 커진 원인은 아니었다. 그러나 사고대응 작업에 중대한 지장을 끼치기도 했기에 사고를 심각하게 만든 주요 원인의 하나가 되었던 것만은 틀림없다.

하지만 원자로 건물의 수소폭발은 세계 전문가들조차도 실제로 일어날 것이라고는 예측할 수 없었을 것이다. 격납용기의 수소폭발에 대해 열심히 연구되고 있는 것에 비해, 건물의 폭발에 대한 연구는 전혀 없었다는 것은 비전문가에게는 이상하겠지만 사실이었다. 원자로 건물은 환기가 되고 있을 것이라는 막연한 기대가 있었다는 증언도 있다. 쓰나미가 덮친 날에 간 총리에게 '수소폭발의 가능성은?'이라고 질문을 받았던 마다라메 위원장이 '질소로 가득 차 있기 때문에 괜찮습니다'라고 답변한 것을 보면 본인도 격납용기의 수소폭발밖에 염두에 두지 않았던 것으로 보인다. 이후 정부 사고조사위는 원자로 건물의 수소폭발에 관한 세계 논문을 조사해보았지만 불과 2개밖에 찾아내지 못했다. 일본과 IAEAInternational Atomic Energy Agency, 국제원자력기구 등 국제기구에서도 논의된 흔적은 눈에 띄지 않았다.

해수주입 실시를 둘러싼 혼란

12일 17시 20분 무렵, 발전소대책본부는 피해상황을 확인한 후, 바닷물을 주입하는 작업을 다시 시작했다. 같은 시각 총리 관저에서는 간 총리, 호시노 고시細野豪志 총리보좌관, 마다라메 위원장, 히라오카 에이지平岡英治 보안원 차장 및 다케쿠로 이치로武黒一郎 도쿄전력 부사장 대우 등이 총리 집무실에 모여서 논의하고 있었다.

간 총리가 해수주입이 원자로에 끼치는 영향에 대해 묻자, 마다라메 위원장과 다케쿠로 부사장 대우는 '바닷물이든 뭐든 가능한 빨리 주입하지 않으면 안 된다'는 뜻을 밝혔다. 게다가 간 총리는 마다라메 위원장에게 '바닷물을 넣어도 정상상태로 되돌릴 가능성은 있는가?'라고 물었고 마다라메 위원장은 '그런 가능성까지는 생각할 필요가 없다'고 답변했지만 간 총리는 충분히 납득하지 못하였다. 거기서 일단 회의가 중단되었다.

19시 4분 무렵, 현장에서는 겨우 소방차를 이용해 바닷물을 넣는 데 성공하였다. 하지만 그때까지 바닷물을 넣는 줄 몰랐던 다케쿠로 부사장 대우가 요시다 소장에게 '지금 관저에서 검토 중이니 해수주입을 기다려 달라'며 강하게 요청했다. 바닷물 주입을 중단할 경우 악화될 상황이 걱정되었던 요시다 소장은 본사와 오프사이트센터에 머물고 있던 무토 부사장 등과 상의를 했지만 그들도 '총리의 양해가 있지 않은 이상 중지하지 않을 수 없다'는 의견이었다.

그러나 해수주입을 중단하면 안 된다고 판단한 요시다 소장은 담당책임자에게 화상회의에는 잡히지 않을 만큼 작은 목소리로 '절대로 해수주입을 멈추지 말라'고 지시를 내린 후 일부러 긴급대책실 전체에 울려 퍼지는 목소리로 '해수주입 중지'를 지시하였다.

그 후 19시 30분 무렵, 총리 관저에서는 회의가 다시 열렸다. 간 총리는 그 사이에 진행된 과정을 알지 못했지만 곧 해수주입을 허락했다. 그 때문에 다케쿠로 부사장 대우 등은 간 총리에게 설명할 기회를 놓쳤다.

그 후의 경위

그렇게 바닷물은 순조롭게 주입되는 듯했지만, 14일에는 3호기의 리버싱 밸브 피트에서 더 이상 물을 끌어올 수 없게 되어 1호기에 하던 해수주입은 중지되었다. 그래서 새로 도착해 있던 소방차로 바다에서 해수를 끌어올려 리버싱 밸브 피트로 보급할 관을 만들기 시작했다. 바닷물을 끌어올릴 관은 9시가 넘어서 완성되었고 우선 3호기에 주입하였다. 게다가 약 2시간 후에는 3호기에서 수소폭발이 발생하여 소방차가 작동을 멈추기도 했다. 다시 1호기에 바닷물을 넣기 시작한 시각은 20시 30분 무렵이었는데, 결과적으로 1호기에는 19시간 이상 주수가 중단된 것이다.

상황이 이러니 1호기에서는 노심이 더 손상되어 갔고 방사성물질은 14일 무렵에도 계속 새어나오고 있었던 것으로 보인다. 그 후 15일까지도 높은 수치를 나타내던 드라이웰의 방사선량도 16일 저녁부터 크게 낮아져 1호기 전체의 상황은 안정되었다고 생각된다.

또한 1호기에서는 3월 31일까지 사용후핵연료저장조에 냉각수를 넣고 있지 않았다. 이는 1호기의 사용후핵연료가 저장조에 옮겨지고 나서 1년 이상 식혀졌기 때문에 급히 식힐 필요가 없었기 때문이었다.

❹ 교류전원 상실 후 3호기의 상황

고압주수계의 수동정지까지

3월 11일 15시 38분 무렵, 3호기에서도 쓰나미로 물에 잠겨 직류를 제외한 모든 교류전원이 끊어졌다. 그러나 3호기에서는 직류전원반, 배터리 등이

터빈건물의 반지하층에 있었기 때문에 전원이 끊어지지는 않았고 원자로 압력이나 수위 등의 주요 파라미터는 감시할 수 있었다.

16시 3분 무렵, 당직 운전원은 원자로 격리시 냉각계를 수동으로 움직이고 있었다. 3호기에서는 직류전원이 살아남았기 때문에 중앙제어실에서는 원자로 격리시 냉각계는 물론, 여러 가지 설비를 다루고 계기도 판독할 수 있었다.

2, 3호기의 원자로 격리시 냉각계는 시간당 97t의 냉각수를 넣을 수 있다. 복수저장탱크의 용량은 약 2500t이라서 원자로 격리시 냉각계를 계속 사용하면 하루 정도밖에 넣을 수 없다. 더욱이 복수저장탱크의 물은 다른 용도가 있어서 원자로 격리시 냉각계에 전부 주입할 수는 없었다. 따라서 운전원은 장시간 사용에 대비해 용량을 제한해가며 운전을 계속했다.

12일 11시 36분 무렵, 무엇 때문인지 원자로 격리시 냉각계가 멈추었다. 원인은 아직까지도 밝혀지지 않았다. 12시 35분 무렵, 원자로 격리시 냉각계가 멈추어 원자로의 수위가 낮아지자 고압주수계가 자동으로 켜졌다. 고압주수계는 원자로 압력이 높아도 빨리 물을 주입할 수 있는, 말하자면 '최후의 보루'라고 할만한 비상용 노심냉각설비이고, 시간당 96t을 넣을 만큼 주수능력이 매우 크다. 이 때문에 잠깐만 운전을 해도 원자로 수위가 빠르게 올라가고 고압주수계는 곧 자동으로 정지한다. 그렇게 하면 운전과 정지를 자주 반복하게 되어 배터리를 단시간에 소모시켜버리게 된다. 그 점을 염려한 운전원은 고압주수계에서 뿜어져 나온 물의 일부가 복수저장탱크로 되돌아가는 회로를 만들어 압력용기로 가는 주입량을 제한하며 운전하였다.

그 후, 고압주수계로 넣을 물로 압력용기가 식혀지자 압력은 서서히 낮아지고 있었다. 그 때문에 원자로의 증기로 움직이고 있던 고압주수계 펌프의 토출압吐出壓도 낮아지지 시작하였다. 또한 그때까지 원자로 수위를 파악할 수 없어서 주수의 실태는 모르고 있었다.

운전원은 평상시와는 다른 운전상황에 고압주수계가 고장나지는 않았을지 불안했고, 고압주수계를 멈추는 것이 옳은지 발전소대책본부와 상의하였다. 상의한 결과, 발전반은 ① 허용범위를 밑도는 회전수로 고압주수계를 계속해서 운전한다면 고압주수계가 파손될 위험이 있다, ② 안전밸브를 열어 압력을 낮추면 대체수단인 디젤엔진 구동 소화펌프로 저압주수가 가능하다고 판단하여 고압주수계의 정지는 불가피하다는 결론에 이르렀고 그 취지를 운전원에게 전달하였다. 그래서 13일 2시 42분 운전원이 고압주수계를 수동으로 정지하였다.

열리지 않은 안전밸브

운전원이 고압주수계를 수동으로 정지시킬 때 안전밸브의 작동상황을 나타내는 램프는 정지상태임을 보여주는 녹색불이 켜져 있었고 배터리가 남아 있는 것을 보여주고 있었다. 그것을 본 운전원은 안전밸브는 중앙제어실에서 연 것으로 생각하였다. 그러나 고압주수계가 멈추고 바로 운전원이 안전밸브를 '열림'으로 두 번 조작했지만 제대로 열리지 않았다. 이는 배터리의 용량이 꽤 떨어져 있어 램프를 켤 수 있을 정도의 전력은 남아 있어도 훨씬 큰 전류가 필요한 안전밸브를 열기에는 부족했다는 것이 원인이었을 가능성이 높다.

고압주수계의 냉각효과로 0.58MPa약 5.9기압까지 떨어진 압력용기의 압력은 고압주수계를 멈춘 후인 13일 3시 44분에는 4.1MPa로 급상승하였다. 이 때문에 저압의 주수수단인 디젤엔진 구동 소화펌프로는 토출압력이 부족하여 그것보다 압력이 높은 원자로에는 물리적으로 물을 넣을 수 없게 되어 버렸다. 디젤엔진 구동 소화펌프로 물을 넣을 것으로 기대하고 고압주수계를 멈추었음에도 불구하고 이 소화펌프를 켜기도 전에 압력용기의 압력이 높아져 버린 예상외의 곤란한 상황이 되었다.

주수수단을 잃어버린 운전원은 고압주수계나 원자로 격리시 냉각계를 재가동시키려고 시도하였으나 둘다 성공하지 못하였다. 따라서 안전밸브를 열어 압력용기의 압력을 낮추는 것뿐만 아니라, 그 결과 발생한 격납용기의 압력이 오르지 않도록 증기를 배출시키지 못하면 사태가 파국으로 치닫게 된다.

증기배출과의 힘겨운 싸움

발전소 외부에서 가져온 2V짜리 배터리로는 120V전원이 필요한 안전밸브를 조작할 수 없었다. 그래서 발전소대책본부는 발전소 안에 12V배터리가 없는지 찾기 시작하였다. 13일 7시 44분까지 발전소 안에 세워놓았던 대책본부의 사원 자동차에서 배터리를 꺼내어 10개를 확보할 수 있었다. 그것을 중앙제어실로 들고 와 제어반을 열어서 직접단자로 연결하였다. 고압주수계가 정지한지 7시간 남짓 흐른 9시 50분 무렵에야 겨우 안전밸브를 여는 데 성공할 수 있었다. 그러나 뒤에 설명하겠지만, 이 조작은 사실상 때를 놓친 것이었고, 압력용기는 그 전에 이미 파손되어 압력이 크게 낮아진 것이다.

한편, 13일 새벽에 시작한 증기배출 작업도 공기가 부족하여 늦어지고 있었지만 8시 41분에 증기배출 장치의 밸브 2개를 열 수 있었다. 그 덕에 격납용기의 압력이 파열판준비 없이 증기를 배출하지 않도록 막는 안전밸브 같은 것의 작동압력을 넘자 저절로 부서져 증기가 배출될 준비가 되게 되었다.

9시 20분이 지나 드라이웰 압력은 크게 낮아진 것으로 확인되었다. 그

것으로 발전소대책본부는 증기가 9시 20분 무렵에 배출되기 시작했다고 판단하였고, 관청에도 보고하였다. 압력용기가 깨지면서 저절로 압력이 떨어져 증기가 배출되기는 하였지만, 여하튼 소방차로 물을 넣을 수 있게 되었다.

하지만 증기배출과 안전밸브를 열기 전인 9시 무렵의 데이터를 보면 멜트스루*되었을 가능성을 보여준다. 녹아 버린 연료가 압력용기 밑으로 떨어지면서 밑에 남아 있던 물과 닿으면서 일시적으로 대량의 수증기가 발생하여 수위가 급격히 오르내릴 가능성도 없지는 않다.

사고조사위의 「중간보고」2011년 12월에서는 9시 무렵 압력이 급격하게 떨어진 것은 안전밸브를 열었기 때문인 것으로 보았다. 그러나 앞서 언급한 바와 같이 그 후의 증언 등에서 볼 때 그것은 틀렸다는 것을 알 수 있었고 「최종보고」에서는 고쳐졌다. 압력을 낮추기 위해 안전밸브를 연 것은 그 후 9시 50분 무렵이 되어서야 겨우 시행된 것이 확실하다.

수소폭발의 위기감 고조

13일 14시 31분 무렵, 이중문 북측에서 1시간당 300mSv라는 아주 높은 방사선량이 계측되었고 문 안쪽으로 흰 연기가 자욱이 보였다. 이 같은 상황이 벌어지자 관계자는 1호기와 같은 수소폭발의 위험성을 걱정하였으나 딱히 효과적인 수단을 생각할 수 없었다. 자위대를 동원해 공중에서 사격하여 원자로 건물 벽에 구멍을 내는 것까지 검토하였으나, 수소폭발로 불이 붙을 우려 등의 이유로 채택하지 않고, 최종적으로는 워터제트를 이용하

---

* melt-through: 노심용융. 원자로의 노심이 공기에 노출되어 녹아내린 뒤 압력용기를 뚫고 나와 격납용기에 쌓인 현상

기로 결정하였다. 그 후 기자재는 조달되기 시작했지만, 결국 타이밍이 맞지 않아 다음날 수소폭발이 발생하게 되었다.

15시 28분에는 3호기 중앙제어실에서도 1시간당 12mSv라는 높은 방사선량이 나왔다. 운전원은 같은 중앙제어실이라도 선량이 낮은 4호기로 대피하였다. 14일 6시 30분 무렵에는 게이지압 환산으로 0.4MPa대를 보이는 드라이웰 압력이 1호기가 수소폭발되기 전의 상황과 비슷했기 때문에 격납용기에서 수소가 새어나와 폭발하지 않을지 염려되었다. 요시다 소장은 그것을 본사 등과 상의하고 작업원의 안전을 위해 6시 30분부터 45분에 걸쳐서 작업원에 원전통제시설로 일시대피명령을 내렸다. 그러나 그 후 드라이웰 압력은 그 이상 상승하지는 않았고 바다에서 바닷물을 끌어올리는 보급라인도 서둘러 확보했기 때문에 7시 반이 지나서 이러한 명령들은 해제되었다.

작업원의 피난조치를 해제한 3시간 남짓 후인 11시 1분, 우려했던 3호기에서 수소폭발이 일어났다그림 2-12. 그 폭발로 인해 자위대원 4명, 도쿄전력 사원 4명, 협력기업 사원 3명이 부상을 입었다. 그 후 현장에 있었던 작업원 등은 안전을 위해 원전통제시설로 모두 대피하였다. 대피조치를 실시했다가 해제한 뒤의 폭발이었던 만큼 관계자가 받은 충격은 컸다. 당초에는 행방불명자가 많이 나오고 있다는 정보도 흘러 대책본부는 심각한 분위기에 휩싸였다. 또한 터빈건물 앞에 배치돼 있었던 소방차 4대 모두가 작동을 멈추고, 소방호스도 파손되어 사용할 수 없게 되었다. 주위로 잔해가 흩어져 있었다.

그러나 3호기에서는 수소폭발 직후에도 계기계측은 가능하고 격납용기의 드라이웰과 압력제어실의 압력이 대기압보다 5배 가까운 높은 수치를 유지하고 있었다. 이 정도면 격납용기가 크게 파손될 가능성은 없다는 사

화살표 방향과 같이 수직 방향으로 폭발하였다.

그림 2-12 3호기 수소폭발(폭발 10초 후)

실을 알게 된 요시다 소장은 이 폭발도 1호기와 마찬가지로 원자로 건물의 수소폭발로 판단하였다.

13시가 지난 무렵부터 작업을 재개해 현장상황을 확인해보니, 소방차 대부분은 멈추었고 호스는 파손돼버려 전혀 사용할 수 없었다. 수소폭발 전까지 소방차로 물을 넣는 방법은 바닷물을 끌어올려 바다에서 리버싱 밸브 피트에 넣고 거기서부터는 별도의 소방차로 1~3호기에 각각 물을 넣는다는 방법이었다. 그러나 3호기 리버싱 밸브 피트 주변은 잔해가 어지럽게 흩어져 있어 거기서부터 다시 설치하는 것은 어렵다고 판단됐다. 그래서 바다에서 끌어올린 해수를 2호기와 3호기에 직접 주수하는 방식으로 변경하기로 하였다. 16시 30분 무렵에는 새로운 방법으로 급수관이 복구돼 3호기 원자로에 물을 넣기 시작하였다.

그 후의 경위

3월 15일 7시 55분 무렵, 3호기 건물 위로 증기가 피어오르는 것이 확인되었다. 그 때문에 제일 많은 연료가 들어가 있는 4호기의 사용후핵연료저장조보다도 3호기의 연료저장조에 물을 뿌리는 일을 서둘러야 하지 않을까 하는 검토가 이루어졌다. 다음날 16일 헬리콥터를 타고 눈으로 확인한 결과, 4호기의 사용후핵연료저장조에는 물이 충분하였고 3호기에 대해 물을 뿌리는 일이 최우선으로 이루어지게 되었다. 3월 17일 헬리콥터로 물을 뿌리는 것은 많은 사람들이 텔레비전 중계를 보면서 느낀 바와 같이 효과가 전혀 없었고 하루만에 종료됐다. 그러나 그날 이후 소방차로 물을 뿌리는 것은 어느 정도 효과가 있었다고 보인다. 27일부터는 콘크리트 펌프차로 대체해 물을 뿌려 안정적으로 진행되게 되었다.

16일 이후 3호기의 드라이웰 압력은 서서히 낮아지고 있었다. 이 무렵 격납용기 압력은 급격히 낮아지지는 않았기 때문에 3호기 격납용기는 2호기만큼 크게 손상되지는 않다고 생각했지만 사실을 자세하게 밝혀내려면 앞으로 좀더 조사해 볼 필요가 있다.

5 모든 전원 상실 후 2호기의 상황

원자로 격리시 냉각계 자연 정지

11일 15시 41분 무렵, 침수로 인해 2호기도 직류를 포함한 모든 전원이 끊겼다. 중앙제어실은 암흑이 되었고 모든 계기는 판독이 되지 않았다. 그 때문에 가장 중요한 원자로의 파라미터인 수위, 압력이 동시에 불명확해졌다.

다행히 원자로 격리시 냉각계는 모든 전원이 끊기기 직전에 수동중앙제어실에서의 원격조작으로 기동되었지만 그 후의 동작상태는 불명확하였다. 21시 무렵에 이르러서도 2호기에 대해서는 수위 등 파라미터가 보이지 않았기 때문에 1~3호기 중에서 가장 위험한 상태에 있다고 생각되었다.

그러나 실제로는 그 후 바로 밝혀졌던 것처럼, 2호기는 원자로 격리시 냉각계가 작동하고 있었기 때문에 노심의 냉각이 유지되고 있던 상태였다. 하지만, 비상용 복수기가 정지된 사실을 알아차리지 못하였던 1호기는 밤 늦게 위기상황을 맞이하게 되었다.

22시 무렵, 2호기의 수위는 연료봉 상단보다 3.4m나 위에 있다는 사실이 밝혀졌다. 이어서 약 1시간 반 뒤 압력용기 압력이 6.3MPa약 64기압, 드라이웰 압력이 0.043MPa약 0.44기압로 모두 정상범위 내에 있다는 것이 판명되어, 관계자는 일단 안심할 수 있는 상황이 되었다. 그 뒤 이틀 이상 2호기는 안정상태가 이어졌다.

14일 11시 1분, 3호기가 수소폭발을 일으켰다. 중앙제어실은 그때까지 증기배출용 공기구동 밸브의 전자밸브에 자속磁束을 발생시키기 위해 임시회로를 접속하였다. 그러나 이 수소폭발로 애써 준비해놓았던 회로들이 어긋나 큰 공기구동 밸브가 다시 '닫힘'으로 바뀌어 버렸다. 또한 폭발 때문에 소방차와 호스도 파손되었지만 다행히 공기압축기는 돌아갈 수 있는 상태였다.

14일 12시 무렵 이후, 원자로 수위는 낮아지기 시작하였다. 또한 원자로 격리시 냉각계의 수원인 압력제어실의 물은 압력용기 사이를 계속 순환하고 있는 것만으로도 열이 계속 쌓이고 있었다. 그 때문에 12시 30분 무렵에는 압력제어실 온도는 149℃, 압력은 11일 심야와 비교해 약 10배인 0.39MPa이라는 이상 고온고압 상태가 되어 있었다. 이러한 상태에서 요시다 소장은 '원자로 격리시 냉각계는 13시 25분에 멈추었다'고 판단하였다.

늦어진 안전밸브의 열림 조작과 증기배출

14일 14시 43분 무렵, 수소폭발로 피해를 입은 주요 수로는 작업원 등의 노력에 힘입어 빨리 복구되었다. 그러나 여진으로 인해 그 후의 작업은 중단되고 16시 30분 무렵이 되어서야 겨우 소방차로 3호기에 물을 부어넣기 시작했다. 그러나 그 무렵 2호기에서는 안전밸브를 여는 데 시간이 걸린 탓에 압력용기의 압력이 늦게 낮아져 물을 부어넣을 수 없는 상태가 계속되었다.

16시 무렵, 발전소대책본부 복구반은 중앙제어실에서 전자電磁밸브에 계속 자속을 발생시켰으나 증기배출 회로를 계속 열어둘 수가 없었다. 이는 공기압축기의 용량이 작고 공기구동 밸브가 열리지 않았던 것이 원인으로 보인다. 더욱이 공기배관이 지진으로 파괴되어 공기가 샜을 가능성도 배제할 수 없다.

19시 3분 무렵, 지체되고 있던 안전밸브를 여는 데 겨우 성공해 압력용기의 압력은 물을 부어넣을 수 있는 0.63MPa로 낮아져 실제로 물을 부어넣기 시작했다.

19시 20분 무렵, 2호기에 막 물을 부어넣기 시작했으나 소방차에 연료가 부족해 멈춰 버렸다. 도쿄전력의 자위소방대는 탱크로리차로 급유를 하고 다시 물을 넣게 되었으나, 그 사이 37분간 2호기와 3호기의 물 주입은 중단되었다. 이어서 소방차로 계속 물을 주입했지만, 2호기의 압력용기의 압력은 21시 무렵부터 다음날 15일 1시 무렵에 걸쳐서 대부분의 시간절반 이상 동안 1MPa을 넘었다. 그 시간 동안에는 1MPa 이하의 토출압력밖에 없는 소방차로 물을 주입할 수 없었다. 그 사이 노심이나 압력용기가 손상되면서 드라이웰 압력이 높아졌고 그 상태가 계속되었다고 생각된다.

최악의 위기상황

14일 23시 무렵, 2호기는 증기가 배출되지 않아 격납용기의 압력이 떨어지지 않는 것이 최대의 문제였다. 압력용기에는 용수철 힘에 대항해 기계적으로 열리는 안전밸브가 다수 부착되어 있어 압력용기의 내압이 높아져 폭발한다는 것은 어쨌든 있을 수 없다. 그러나 격납용기에는 그와 비슷한 대비가 없어 강제로 증기를 배출시키지 않을 경우에는 '최후의 보루'인 격납용기가 폭발할 위험성이 있었다.

그 무렵, 대책본부의 관계자는 어쩔 수 없이 드라이웰의 증기를 배출하기로 결정하였다. 앞서 말했듯이 드라이웰의 증기배출은 압력제어실의 증기배출과는 달리 물을 통과하지 않고 직접 대기로 방출하기 때문에 흩어져 버리는 방사성물질의 양이 2자릿수나 많아진다. 그 때문에 가능한 피하고 싶은 수단이지만 이때에는 격납용기를 파괴로부터 지켜내는 것을 우선시할 수밖에 없는 상황이었다.

15일 오전 10시 무렵의 상황을 정리해보면, 우선 압력이 1MPa약 10기압을 넘는 압력용기에는 소방차로 물을 주입할 수 없다. 또한 격납용기의 증기를 배출해 압력을 낮추려는 것도 제대로 되지 않아 드라이웰 압력은 23시부터 급상승하기 시작해 30분 만에 0.6MPa이라는 폭발하기 쉬운 수치까지 치솟고 있었다.

이와 같은 위기상황이 닥치자 요시다 소장은 차이나신드롬*과 같은 최악의 사태까지는 막기 위해 스스로 죽음을 각오하였다. 그리고 본사대책

---

* 원자로의 노심이 녹아내려 원자로 자체는 물론이고 원자로가 서 있는 땅까지 계속 녹아내리는 현상이다. 서구 사람들이 지구 반대편에 있는 중국까지 녹아내릴 것이라고 생각해서 붙인 이름이다.

본부와 상의한 후 상황에 따라서는 각 플랜트를 제어할 필요한 인원만 남겨두고 나머지 사람들은 후쿠시마 제1원전 밖으로 대피시켜야겠다고 판단하였다. 그래서 다른 사람의 동요를 막기 위해 극히 일부 사람들에게만 이 준비지시를 내리고 상황에 따라서 신속하게 대피할 수 있도록 버스를 준비하였다.

이 무렵 도쿄전력의 시미즈 사장이 총리 관저를 향해 '퇴거'라고 한 발언에 대해서는 '전원을 의도했던 발언'인지, '최소한의 인원을 남겨두는 것을 전제로 한 발언'인지는 확실히 하지 않은 문제이다. 사고조사위는 당시 관계자들에게서 '상황증거'가 될지도 모를 증언을 여러 번 들어보았지만, 그 의도는 둘로 나뉘어져서 어떤 의도라고 말할 수 없다는 결론을 내렸다.

충격음

15일 6시 정각부터 6시 10분, 정확히 당직을 교대하고 있던 2개 그룹의 당직원은 중앙제어실과 그 앞에서 큰 충격음을 들었다. 그 후 그들 모두에게 원전통제시설로 대피지시가 내려졌고, 건물을 빠져나오자 완전히 바뀌어 있던 주위 풍경에 놀랐다.

실제로 그 폭발음은 4호기의 수소폭발로 인한 것이었다. 증기를 배출하지 않은 채 드라이웰 압력이 0.6MPa약 6기압을 넘는 고압상태가 지속되자 최악의 상태라고 여긴 관계자가 식은땀을 흘리고 있던 차에 들린 큰 폭발음이다. 결국 우려했던 것이 일어나 '끝났다'고 느꼈던 사람들도 많았던 것 같다. 이렇게 되자 7시 무렵 발전소대책본부는 필요한 최소한의 인원 50명 정도를 남겨두고 나머지 650명을 후쿠시마 제2원전으로 잠시 대피시켰다.

폭발 직후 압력제어실 압력은 0을 나타냈고 그 정도 충격음이라면 격납용기가 폭발한 것이라고 관계자는 짐작했지만 0으로 급속히 떨어진 시각은 실은 폭발음보다도 수분 전이었다. 또한 그때 운전원이 본 압력제어실 압력계는 절대압 표시로 '0=진공'이라는 뜻으로, 물리적으로 있을 수 없는 것이었다. 그 두 가지 이유로 '격납용기가 폭발해 압력이 0이 되었다'고 하는 상황판단은 틀린 것이었다. 또한 압력제어실 압력계는 수시간 전부터 드라이웰 압력의 절반 정도를 계속해서 유지한 뒤, 6시 2분에 갑자기 0으로 급속하게 떨어지고 있었다. 압력제어실 압력이 드라이웰 압력의 반 정도밖에 되지 않는 상태가 지속되었다는 것도 물리적으로 생각하기 어려운 상태이다. 이러한 이유로 이 무렵의 압력제어실 압력계는 믿을 수 없고 그 수치는 틀렸다는 것을 알 수 있다.

그로부터 1시간 남짓 경과한 7시 20분, 드라이웰 압력은 0.63MPa을 기록했다. 그리고 나서 4시간 이상 기록이 중단된 후 11시 25분에는 0.056MPa 약 0.57기압이라는 대기압에 가까운 수치까지 급속히 떨어졌다. 이 사이에 격납용기는 지금까지 입은 손상보다 더 망가졌을 가능성이 높다.

방사성물질 최대 누출

그 뒤 정문 부근의 방사선량은 15일과 16일에 매우 높은 수치를 보였는데, 가장 높았을 때에는 매시 10000μSv에 이르렀다15일 오전 9시 무렵. 그리고 3월 15일부터 16일에 걸쳐서 방사선량이 가장 높은 상태가 지속되었는데, 하필이면 15일 저녁부터는 바람방향이 바다에서 육지로 부는 다소 강한 남동풍으로 바뀌었다그림 2-13. 게다가 밤에는 시간당 강우량 1.5mm 정도의 차가운 비가 6시간 이상 내렸다. 그 때문에 원자력발전소보다 북서방향에 있던 지역에 대량의 방사성물질이 떨어져 그 뒤 심각한 방사능오염을 일으키게 되었다. 원자력발전소에서 북서방향에 있던 이타테 촌과 나미에 정 등에는 운이 좋지 않은 기상조건이 거듭되었다.

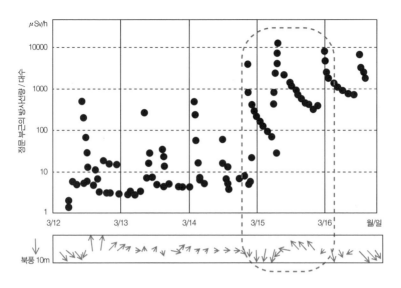

그림 2-13 3월 12일~16일 정문 부근의 방사선량과 풍향

출처 : 원자력안전·보안원 「2011.12.27. 봉하는 기능에 관한 검토」

　11시 25분, 앞서 설명한 바와 같이 드라이웰 압력은 크게 낮아지고 있었다. 그 때문에 후쿠시마 제2원전에 대피하고 있던 인원을 부부장급부터 순차적으로 발전소대책본부로 복귀시켰다.

　또한 2호기에서는 원자로 건물에 있는 블로아웃 패널작은 창문을 막고 있는 판이 1호기가 수소폭발할 때의 충격으로 떨어져 나가면서 창문이 열려 수소가 건물 밖으로 방출되어 수소폭발이 일어나지 않은 것은 행운이었다.그림 2-14

블로아웃 패널이 떨어져 나간 창문에서 수증기가 나오고 있다.

그림 2-14 2호기

출처 : 에어포토 서비스

6 **4호기의 상황**

수소폭발

정기점검으로 멈춰 있던 4호기는 15일 6시 10분 무렵 수소폭발을 일으켰
다. 원인은 3호기에서 증기를 배출할 때 내보낸 수소가 공통배기탑으로 가
는 도중에 4호기 원자로 건물 2층으로 역유입했기 때문이다. 2층으로 유
입된 수소는 공간부피가 5층의 5분의 1 정도로 적은 4층에 머물러 있다가
폭발한 것으로 보인다.

사용후핵연료저장조의 방수

4호기는 사용후핵연료 보관본 수가 1~4호기 중 가장 많았기 때문에 당초는 방수가 최우선인 플랜트라고 생각되었다. 그러나 16일 오후 자위대 헬리콥터에 도쿄전력 사원이 동승해 정찰한 결과, 4호기에서는 사용후핵연료저장조의 수량이 충분해 연료는 노출되어 있지 않다는 사실이 확인되었다. 그 이유는 다음과 같다.

우선 4호기는 정기점검 중이었기 때문에 사용후핵연료저장조와 벽수문한 장 거리 만큼 떨어져 있던 원자로의 벽에도 물이 스며들고 있었다. 다음으로 사고 후, 붕괴열로 인해 사용후핵연료저장조측의 수위가 낮아졌기 때문에 벽쪽과의 수위와 큰 차가 발생하였다. 그래서 그 수압에 의해서 둘을 격리하고 있던 수문에 밀폐성이 사라지고 벽쪽에서 사용후핵연료저장조측으로 물이 흘러들었다는 것이다.그림 2-15

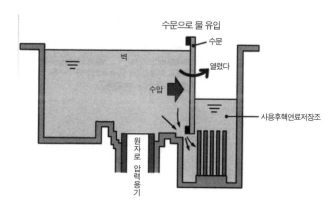

운 좋게도 수문이 열려 있던 이웃 벽에서 사용후핵연료저장조로 물이 유입됐다.

그림 2-15 4호기 사용후핵연료저장조의 상황

4호기의 사용후핵연료저장조에 만약 이러한 '행운'이 없었다고 한다면, 그리고 3월 20일 무렵까지 방수가 되지 않은 채 방치되었다고 한다면 사용후핵연료저장조 안의 핵연료는 어떠한 상황이 되었을까, 그리고 어떤 최악의 피해가 일어날 수 있었을까. 이 의문에 대한 전문가의 향후 검토가 기다려진다.

자위대나 도쿄소방청 살수차로 17일부터 3호기에 살수가 시작되고, 이어서 20일부터는 4호기에도 살수를 개시하였다. 3월 22일부터는 길이가 약 60m인 콘크리트 펌프차를 이용하여 확실히 살수를 할 수 있게 되었다 그림 2-16. 콘크리트 펌프차로 22일부터는 4호기에, 27일부터는 3호기에도 살수가 이루어졌다. 이렇게 해서 안정적으로 살수가 이루어지게 되었기 때문에 소방차 등은 차례로 필요하지 않게 되었다. 그때부터 콘크리트 펌프차만 사용되기 시작해 6월에 이르기까지 활약하였다.

콘크리트 펌프차는 사용후핵연료저장조가 당면한 위기를 해결하였다(4호기).

그림 2-16 콘크리트 펌프차의 활약

❼ 사고는 피할 수 있었던가?

해외에서는 시행되고 있던 안전대책

해외에서는 이루어지고 있음에도 불구하고 일본에서는 '안전신화'라는 그
럴듯한 구실에 가려 시행되고 있지 않았던 안전대책이 꽤 많다. 아래에 기
술한 6가지 사례는 모두 중대사고에 대비한 훌륭한 안전대책이다.

① 비상용 전원

미국 브라운즈페리Browns Ferry 원
전MARK Ⅰ형. 계기를 8시간 해독할
수 있는 이동식 직류전원배터리이 준
비되어 있다.그림 2-17

② 방수문(防水)

같은 브라운즈페리Browns Ferry 원
전. 비상용 디젤발전기는 견고한 방
수문 방 안에 설치되어 있다.

그림 2-17 이동식 비상용 전원

③ 비상용 복수기 밸브의 수동 핸들

미국 밀스톤Millstone 원전MARK Ⅰ형.

후쿠시마 제1원전 1호기의 비상용 복수기 밸브는 격납용기 안에 있을
경우에는 수동으로는 열리지 않는다. 그러나 여기서는 전원이 끊어졌을 때
수동으로 여는 훈련이 실시되고 있다.

그림 2-18 스노클 흡기구

④ 스노클(Snorkel)

미국 디아블로캐니언 원전PWR, 가압수형 원자로. 흡기구를 스노클로 13.5m 높이까지 높여 놓았다.그림 2-18

⑤ 증기배출용 필터

스위스 뮐레베르크 원전MARK Ⅰ형. 다수의 방사선물질을 거를 수 있도록 물약을 주입한 물을 통해서 증기를 배출하는 시스템을 준비하고 있다. 물약을 탈 때에는 전력이 필요없고 중력으로 주입된다고 한다.

⑥ 독립 비상용 냉각설비

뮐레베르크 원전. GE설계의 냉각시스템에 더해 완전히 독립된 비상용 냉각설비 한 세트를 건물마다 별도로 설치해놓았다. 그 건물 내부에는 방수처리된 방 안에 비상용 디젤발전기나 전원반電源盤이 설치되어 있다.

이상 해외의 안전대책을 보면, 일본의 '안전신화'는 도대체 무엇이었던가라고 말하고 싶어진다. 일본의 원전기술은 재료기술, 기기의 신뢰성, 지진대책 등 여러 방면에서 우수하다고 생각된다. 그러나 이들 대부분은 '작은 사고를 일으키지 않기' 위한 기술일 뿐, 어느 정도 큰 사고가 일어난 뒤에 '재해를 줄이기 위한 안전기술'은 포함되어 있지 않다.

즉, 일본은 '작은 사고를 일으키지 않기 위해서는 신경을 집중시켜 왔지만 일단 사고가 일어난 뒤의 일을 충분히 고려하지 않았다'라고 총괄해서 말할 수 있을 것이다.

가능한 현실적인 대응책

쓰나미대책으로 말하자면 단순히 '방조제를 높게 해서 완전히 막을 수밖에 없다'라고 생각하는 것은 오산이다. '약간의 침수도 허용하지 않는다'라는 것이 아니라, 노심손상에 이르는 중대사고를 '어떻게 해서든 막을 수는 없었는가'라고 달리 생각해 볼 필요가 있다. 그렇다면 배전반과 배터리의 침수, 공기압축공기의 고갈, 수위계의 기능상실 등을 비춰보면, '주변부'와 '신경부'라고도 말할 수 있을 주요부 이외의 설비에도 많은 원인이 있었다는 것을 알 수 있다.

이들 안전대책은 가령 실시하고 있다손 치더라도 비교적 저비용으로 실시할 수 있는 내용이 많았다고 생각된다그림 2-19. 중대사고를 방지하기 위해 '비교적 쉽게 실시할 수 있었을 대책'이란 무엇이었던가 하는 관점에서 5가지 과제를 지적하고자 한다.

① 배전반을 설치한 장소의 다양성 확보
이번 사고에서는 배전반이 다양한 장소에 설치되지 않아 '심층방호'다음

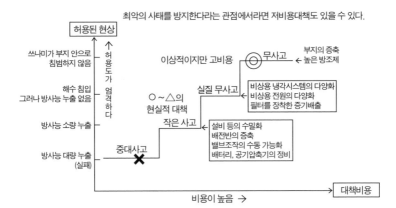

그림 2-19 쓰나미에 대한 안전대책 비용과 허용된 사고의 중대성과의 관계

장 제1항 참조를 할 수 없게 된 것이 결정적인 원인이었다. 배전반 배치의 분산화·다양화를 꾀할 필요가 있었다.

또한 '다양화'란 설비종류, 구동원 및 설치장소 등이 다른 여러 개를 설비해 둠으로써 안전을 확보하도록 하는 사고방식이다. 이것은 '단일원인'으로 시스템 전체가 고장나지 않도록 하려는 의도가 있다. 이에 대해서 같은 종류의 설비를 여러 개 준비함으로써 설령 1대가 고장나더라도 다른 것으로 대체시키는 '다중화'라는 사고방식도 있지만, '다양화'하는 편이 더 뛰어난 안전대책이라고 할 수 있다.

비상용 전원설비의 안전기준에 대해서는 미국에서는 '다중화'와 '다양화' 모두 마련되어 있지만, 일본에서는 어느 한쪽만을 택하여도 좋다고 되어 있다. 그러한 것이 이번 사고에서 '단일원인'인 침수로 인해 '다중화'된 고압배전반이 전부 꺼져 버린 '치명상'의 원인이 되었다.

② 직류전원 상실에 대한 준비

직류전원이 끊어진 것이 각 플랜트의 제어·계측기능에 이상을 가져와 사고를 대처하는 데 '치명적인' 요인이 됐다. 1호기의 비상용 복수기가 페일 세이프 기능으로 자동 정지했던 것도 직류전원이 끊어진 것이 직접적인 원인이었다. 결과론일지도 모르지만 적어도 여느 카센터에도 있을 12V 배터리를 갖추어놓을 정도의 대책은 이루어졌어야만 했다고 할 수 있다.

③ 건물의 물막이* 처리

건물의 물막이 처리에 드는 비용은 그리 높지 않다. 만약 건물 전체는 어렵다면 중요 설비가 설치되어 있는 공간만이라도 물막이 시설을 해야만 한다. 그 경우 비용은 더욱 낮아질 것이다.

④ 이동식 공기압축기의 비축

사고시에는 공기를 공급하는 공기압축기가 정지했지만, 이것이 증기배출용 공기구동 밸브가 더디게 열린 주요 원인이 되었다. 공기압축기 등은 비용도 적기 때문에 교류전원이 끊어질 때에 가동할 수 있는 자가발전기가 달린 이동식 공기압축기를 비축해 두어야만 했다.

⑤ 수위계(水位計)의 개선

이번 사고와 같이 노심이 손상되어 격납용기 내부의 온도가 올라갈 경

---

* 방수(防水)라는 개념은 일반적으로 벽 등에 물이 새는 것을 막는다면, 수밀(水密)은 차수벽, 수밀문 등을 만들어 물이 건물 안에 못들어오게 하는 것이다.

우, 수위계의 기준면기*가 가열되어 기준수면이 저하해 버리는 기본적인 문제가 발생한다. 개선안에 대해서는 앞으로 검토를 해야 하지만, '평상시에는 기능을 하지만 중대사고시에는 제 역할을 못하는 수위계'라는 것은 말이 되지 않는다고 할 수 있다.

피할 수 있는 사고를 가정한 시나리오

만약 적절히 대응했더라면 그 같은 중대한 사태를 피할 수 있진 않았을까 하는 의문은 누구라도 품고 있을 것이다. 그래서 사고 당시 가령 당사자가 '가장 적절한 판단'을 취할 수 있었다고 한다면 아래의 '안전밸브의 조기개방 시나리오'가 실현될 수 있었는지 여부를 주제로 생각해보고자 한다.

안전밸브의 조기개방 시나리오

전원이 끊어진 비상사태가 발생한 뒤 원자로 내의 냉각수가 아직 충분할 때 저압 대체 수단으로 물을 주입할 수 있도록
① 안전밸브를 개방하여 압력용기의 압력을 떨어뜨리고
② 격납용기 압력의 상승을 억제하기 위해 적절한 증기배출을 시행하고
③ 계속해서 소방차로 물을 주입했다면
이번 중대사고는 피할 수 있었다.

우선 당사자가 이 '시나리오'를 선택해 냉각수가 아직 충분한 상태에서 안전밸브를 열기에는 냉각수의 급격한 감소를 불러올 위험성이 있다. 따라서 어떤 대응책을 판단하기 전에 안전밸브가 열려 있는지는 물론, 그

---

* 基準面器: 육지의 높이나 바다의 깊이의 기준이 되는 면을 계측하는 기계. 압력용기 하부의 수압과 공간부분의 기압차를 계측하는 데 사용된다.

후 증기를 배출하고 소방차가 대신 주입할 수 있는지를 확인할 필요가 있다. 그렇게 하기 위해서는 소방차, 수원水源, 배터리, 공기압축기 등의 기재의 확보, 그리고 나서 기존설비와의 긴급접속의 여부 및 접속구의 위치, 각각의 장소로 접근 가능성 여부, 전원이 끊어졌을 때 증기를 배출할 방법, 필요 인원의 확보 등에 관해서 확실하게 반드시 파악해야만 한다. 사실 그것들은 정도의 차는 있지만 실제 사고대응시에 지장을 준 요인들이기 때문이다.

따라서 이 문제에 결론을 내기 위해서는 이들에 대해 상세히 검증할 필요가 있지만, 여기서는 과감히 '문제제기'라는 의미도 포함하여 필자가 느끼는 현시점에서의 견해를 피력해보기로 한다.

① 1호기

비상용 복수기가 처음부터 기능하지 않고 사고 당일 20시 무렵 노심이 손상된 상황에서는 모든 전원이 끊어진 즉시 소방차를 대신 투입해 물을 넣었더라도 '시나리오'가 실현될 가능성은 거의 없었다고 생각된다.

단, 일찍 '시나리오'대로 했다면 소방차의 대체투입과 증기배출의 개시 시기가 실제보다 꽤몇 시간 빨랐을 가능성은 높다. 그 결과, 노심이 덜 손상되어 방사성물질의 누설량을 꽤 낮추었을 가능성이나 수소폭발은 피했을 가능성도 있다고 생각된다. 만약 1호기의 수소폭발이 일어나지 않았더라면 2호기와 3호기에서는 수소폭발로 중단되었던 사고대응이 진행되어 결과는 완전히 달라졌을 것이라고 생각된다.

② 2호기

2호기에서는 모든 전원이 끊어졌을 때부터 원자로 격리시 냉각계가 정지할 때까지 이틀 반 이상의 시간적 여유가 있었다. 따라서 노심이 손상되기 시작하기 전인 14일 새벽까지 '시나리오'가 실행됐을 가능성은 높았다고 생각된다.

③ 3호기

비상용 배터리와 공기압축기가 갖추어지지 않았던 것은 3호기의 사고대응에 큰 걸림돌이었다. 그러나 적절한 지시가 있었다면 이들 모두 12일 중에 확보되었을 가능성이 높다고 여겨진다. 한편, 3호기의 사고대응 작업은 1호기의 대응과도 겹치기 때문에 인력상의 제약 등도 검증하지 않으면 안된다. 그러나 이 점에 대해서는 필자는 그것을 판단할 만큼의 정보를 현재 가지고 있지 않다.

이를 감안하면 3호기에서는 모든 전원이 끊어진 직후부터 적절한 판단과 지시가 있었다고 가정하면, 단언하지는 못하지만 **'시나리오'가 실현됐을 가능성이 없지는 않다**고 여겨진다.

이상으로 후쿠시마 제1원전 전체로 보자면 중대사고는 1호기에서만 일어났을 수도 있었다고 생각된다.

정부와 지자체의 실패

후쿠시마 제1원전 사고는 직접적으로는 지진·쓰나미라는 자연현상에 기인한 것이지만, INES 등급7이라는 심각한 원자력재해로 그 피해가 확대되었던 것은 사전의 사고 방지책·방재대책, 사고발생 후의 도쿄전력의 현장대처와 정부의 원자력재해대응 등에 뚜렷한 미비점과 약점이 있었기 때문이다.

사전의 사고 방지책·방재대책에 대해서 말하자면, 예를 들어 보안원과 도쿄전력 등의 쓰나미대책·중대사고대책은 매우 부족하였고 대규모 복합재해에 대한 대비도 부족하였다. 또한 격납용기가 파손돼 대량의 방사성물질이 발전소 외부로 누출될 것을 예상한 방재·피난대책도 강구하지 않았다.

도쿄전력의 사고발생 후의 현장대처에도 많은 미숙함이 있었다. 그밖에도 정부와 지자체의 피해확대 방지책, 모니터링, SPEEDI긴급시 신속 방사능영향 예측 네트워크시스템의 활용, 주민에 대한 피난지시, 피폭에 대한 대응, 국내외의 정보제공 등에 많은 문제점과 미비점이 있었다.

이 장에서는 이 가운데서 정부와 지자체의 문제점을 중심으로 분석·검증하고자 한다.

❶ 부족한 사전대책

강구되지 않았던 심층방호

원자력을 평화롭게 이용하도록 하고 군사적으로 이용하지 못하게 하는 활동을 추진하기 위해 1957년에 IAEA가 설립되었다. IAEA에서는 원자력시설을 안전하게 유지하기 위해 심층방호Defense in depth라는 개념을 권장해 왔다.

IAEA는 2006년에 유럽원자력공동체EURATOM와 경제협력개발기구·원자력기구OECD/NEA, 세계보건기구WHO 등 8개의 국제기구와 공동으로 여태까지의 '원자력시설의 안전' '방사성폐기물 관리의 안전' 및 '방사선 방호와 방사선원의 안전'에 관한 안전원칙 문서를 통합해, 10개 항목으로 된 「기본안전원칙」Fundamental Safety Principles을 수립하였다. 이 기본안전원칙 중 원칙8에서도 원자력이나 방사선의 사고방지와 완화의 주요한 수단은 심층방호에 있다는 것이 강조되어 있다.

IAEA에 의하면 '원자력 플랜트에서 사고를 방지하거나 사고가 발생했을 경우에 그 영향을 완화하는 제1의 수단은 심층방호라는 사고방식을 적용하는 것이다. 이 개념은 조직에 관련된 사람, 행동에 관련된 것, 설계에 관련된 것을 불문하고, 혹은 모든 출력, 저출력이나 다양한 정지 상태에도 불구하고 안전에 관련된 모든 활동에 적용된다'라고 되어 있다.IAEA, Safety of Nuclear Power Plants: Design Specific Safety Requirements, Series No. SSR2/1

이 심층방호는 다음과 같이 5단계로 되어 있다.

제1방호 단계: 이 단계의 방호목적은 평상시 운전에서 벗어난 안전상 중요한 고장과 실패를 방지하는 것에 있다. 그렇게 하기 위해서는 플랜트가 정상이면서도 입지, 설계, 건설, 유지·운전이 반드시 철저하게 이루어져야 한다.

제2방호 단계: 이 단계의 방호목적은 플랜트에서 운전시에 예측된 사태가 커지지 않도록 하기 위해 평상시 운전상태에서 벗어나지 않도록 인지하고 제어하는 데에 있다. 그렇기 하기 위해서는 특정시스템과 방법을 설계할 때 대비해 두는 것, 안전성을 파악하여 효과적인지 확인할 것, 그리고 그 같은 초기 사태를 방지하든지 여러 영향을 최소한도로 억제하여 플랜트를 안전한 상태로 되돌리는 운전절차를 세울 필요가 있다.

제3방호 단계: 발생할 가능성이 희박하지만 어떤 예견된 운전시의 사태 또는 제어할 수 없는 초기사태가 확대하여 제2방호 단계에서는 제어할 수 없는 사고로 이어질 수 있다. 플랜트의 설계에서는 이러한 사고가 발생하는 것을 예상해 두지 않으면 안 된다. 그렇게 하기 위해서는 미리 노심이 손상되거나 대지 밖으로 나가는 중대한 방출을 막아 플랜트를 안전한 상태로 복귀시키기 위한 안전한 방법, 안전한 시스템, 절차를 준비해 둘 필요가 있다.

제4방호 단계: 이 단계의 방호목적은 폐쇄기능을 확실하게 해 방사성물질이 가능한 한 감당할 수 있을 만큼 낮게 누출되게 함으로써 제3방호 단계가 실패하여 생기는 사고의 여러 영향을 완화하는 데 있다.

제5방호 단계: 이 단계의 방호목적은 충분하게 장비를 갖춘 긴급시 관리센터의 정비, 플랜트 안팎에서 긴급사태에 대처하기 위한 긴급시 계획 및 절차를 정비하여 사고의 상태에 따라 누출된 방사성물질로 인한 영향을 완화하는 데 있다.

이상 5단계로 구성된 심층방호의 요점을 정리하면 〈표 3-1〉과 같다. 일본에서는 이러한 심층방호는 다중방호로도 불리지만, 문제는 제4단계와 제5단계의 방호는 여태까지 거의 고려되지 않았고 규제기관측이나 사업자측 모두 심층방호라면 제3단계까지의 대책으로 인식해 왔다.

즉, 제1부터 제3까지 3개의 방호단계에 대해서는 여태까지 안전설계 심사의 지침류와 기술기준 등에 나와 있는 정도로 대응해 왔을 뿐, 제4단계

표 3-1 심층방호 요점

방호단계	방호 대상·목적
제1단계	평상시 운전에서 벗어남을 방지
제2단계	이상 사태 인지·사고 진전 방지
제3단계	설계기준 사고시의 영향 완화
제4단계	중대사고 대응
제5단계	사고로 누출된 방사성물질에 대한 대응

와 제5단계에 대해서는 후술하는 것처럼 전자는 행정지도에 의한 사고관리의 평가·실시를 통해서, 후자는 「원재법」 등의 틀 속에서만 부분적으로 대응이 이루어졌던 만큼 IAEA가 요구한 수준은 아니었다.

한편, 어느 정도의 대응이 이뤄져 왔던 제1~제3단계에 대해서 말하자면 후술하는 바와 같이, 사고관리의 일환으로 가령 1999년까지 후쿠시마 제1원전에서 디젤발전기의 증설과 공랭식 발전기의 도입이 이루어지는 등 제3단계를 인식한 대응책이 채택되었다. 그러나 제어할 수 없는 초기사태가 확대돼 사고로 이어질 수 있다는 것을 예상한 플랜트는 설계되어 있지 않았다. 이점에서도 결코 제3단계까지의 심층방호도 충분히 강구돼 있다고는 볼 수 없다.

원자력안전위원회의 결정

앞서 설명했던 심층방호 제4단계에 관계되는 것으로, 일본이 지금까지 해온 중대사고대책의 문제점을 지적해보고자 한다.

원자로설계에는 발생할 수 있다고 생각되는 사고에 대해 설계상 몇 단계의 대책이 강구되어 있다. 그러나 1979년 스리마일섬 원전사고나 1986년 체로노빌 원전사고는 원자력 플랜트에서 설계기준을 크게 뛰어넘어 노심이 심각한 손상을 입는 중대사고가 발생할 수 있다는 사실을 명료한 형태로 제시하였다.

따라서 1980년대부터 1990년대에 걸쳐서 국제적인 중대사고대책에 관한 논의가 시작되었다. 그래서 원자로시설은 설계기준의 틀 내에서 안전이 담보될 수 있도록 설치·인가되어 설계기준을 뛰어넘는 노심과 핵연료가 손상을 입는 중대한 사고가 발생할 경우에는 중대사고대책으로 대응한다는 원자력 플랜트의 안전성 확보를 위한 기본적인 인식이 국제적으로 확립되었다. 그렇게 해서 그 후 각국에서는 중대사고대책이 추진되게 되었다.

일본에서도 이 시기 중대사고대책에 대한 논의가 시작되었다. 즉, 스리마일섬 사고와 체르노빌 사고에 대해서 자체적으로 조사를 진행해 왔던 원자력안전위원회는 1987년에 원자로안전기준 전문부회 안에 공통문제 간담회를 설치, 중대사고대책 검토에 착수하였다. 그 결과는 1992년에 보고서로 정리되었다.

원자력안전위원회는 그 보고서를 받아 1992년 5월에 「발전용 경수형 원자로시설에서 중대사고대책으로서 사고관리에 대하여」를 결정하였다.

사고관리는 위의 결정문서에 의하면 '설계기준 사태를 넘어 노심이 크게 손상될 가능성이 있는 사태가 만일 발생하더라도 현재의 설계에 포함된 안전여유와 안전설계상 예상한 본래의 기능 이외에도 기대할 수 있는 기능 또는 그러한 사태에 대비해서 새로 설치한 기기 등을 효과적으로 활용하게 함으로써 그것이 중대사고로 확대될 경우에도 그 피해를 줄이기 위해 채택된 조치'를 말한다.

이같이 당시, 중대사고대책이라는 용어를 사용하지 않고 사고관리라는 용어를 대신 쓴 이유는 중대사고라는 말의 어감에 있었다. 즉, 중대사고라는 용어에는 심각함을 풍기는 부정적 어감이 있기 때문에 사회적으로 받아들일 수 있도록 사고관리라는 용어가 쓰이게 됐다.

하지만 원자력안전위원회의 이 같은 결정은 그 후 일본에서 중대사고대책과 사고관리의 기본방향을 결정했다는 점에서 매우 중요하다. 그 요점을 정리하면 다음의 두 가지로 정리할 수 있다.

① 일본에서 원자로시설의 안전성은 다중방호를 바탕으로 엄격한 안전확보대책을 통해 충분히 확보되어 있고, 공학적으로는 중대사고가 실제로 일어나리라고 예상할 수 없을 정도로 발생 가능성이 낮아 원자로시설이 손상될 가능성을 낮게 보고 있다고 판단된다.

② 사고관리를 제대로 손질하면 손상될 가능성을 더 낮출 수 있다. 따라서 사고관리는 원자로 설치자가 스스로 정비하도록 적극 장려해야 한다.

즉, 일본에서는 **중대사고가 발생할 가능성은 극히 낮으며, 사고관리도 사업자의 자율적인 노력으로 충분하다**고 본 것이 이 결정이었다. 다음 장에서 도쿄전력의 사고관리 문제점에 대해서 논하겠지만, 이 회사의 사고관리가 드러낸 약점의 원인을 거슬러 올라가 보면 이 결정에 다다른다.

또한 이 결정은 막상 후쿠시마 원전사고가 발생하자 효과가 전혀 없었기 때문에 원자력안전위원회에 의해서 2011년 10월 20일에 폐지되었다. 이 위원회는 폐지결정문에 다음과 같이 기술하였다.

이번 사고로 일어난 재해로 '손상이 충분히 낮아지고 있다'는 인식이나 원자로 설치자가 스스로 손상을 낮추려는 노력이 효과적인지에 대해서 심각한 문제가 있었다는 것이 명확해졌다. 특히 중요한 점은 일본에서 외적 사태, 특히 지진, 쓰나미로 생긴 손상을 눈여겨봐야 한다는 지적이 있었음에도 불구하고 실제 대책에 충분히 반영되지 않았다는 점이다. 모든 원자로시설에서 사고관리가 정비될 때까지 총 10년을 허비했고, 그 기본적인 내용도 1994년에서야 원전시설 안에서 일어날 사고의 안전평가가 확률적으로 이루어지는 대책에 머물렀을 뿐, 재검토되지 않았다. 게다가 사고관리를 위한 설비나 절차가 현실 상황에서 효과가 없을 수도 있는 경우를 확실히 파악하지 못하였다.

지진, 쓰나미로 인한 손상의 중요성이 지적되었음에도 불구하고 실제대책에는 충분히 반영되지 않았던 것이나 사고관리가 모든 원자로시설에 실시될 때까지 10년이나 걸렸다고 기술하는 등 자성이 섞인 솔직한 문장이기는 하다.

방치된 중대사고 대책

원자력안전위원회가 중대사고대책을 논의하고 있을 당시, 발전용 원자로의 안전관리를 담당하고 있었던 것은 통상산업성이었다. 이 부처는 원자력안전위원회의 결정을 받아 1992년 7월에 「사고관리의 금후 추진방향에 대해서」를 정리하면서 「원자력발전소 내에서 사고관리의 정비에 대해서」라는 제목의 문서를 공익사업부장에게 보냈다. 이 문서의 취지는 중대사고대책의 필요성을 인정하였지만 원자력안전위원회의 인식과 같이 중대사고대책으로서의 사고관리는 사업자의 자율적 노력으로 추진한다는 것이었다.

통상산업성도 사업자가 스스로 사고관리에 노력해야 한다고 여긴 것은 다음과 같은 이유가 깔려 있었다.

첫번째는 소송에 휘말리지 않기 위해서다. 즉, 1970년대부터 본격화한 원자력발전소 건설을 둘러싸고 각지에서 원자로설치 허가처분을 취소해

달라는 행정소송이 일어났다. 국가는 소송에서 현행 규제로 원자로는 충분히 안전하다는 논리를 전개했다. 그렇기 때문에 새로운 중대사고대책을 법령·규제 요구사항으로 만들면 현행의 규제에는 미비점이 있고 건설된 시설에도 결함이 있다는 것이 되어버려 앞으로 일어날 재판에 악영향을 미친다는 판단이 있었기 때문이다.

두번째는 일본 원자로의 안전은 현행 규제에 의해서 충분히 확보되고 있다는 확신이다. 그렇게 확신하게 된 데에는 당시 도입되기 시작한 〈확률론적 안전평가법〉으로 피해를 평가하는 방법이다.

확률론적 안전평가PSA란, 원자로시설의 이상과 사고가 일어나게 될 원인의 발생빈도, 발생한 사태가 미치는 피해를 낮추는 안전기능이 사라질 확률과 발생한 사태가 커지거나 피해 정도를 정량적으로 분석함으로써 원자로시설의 안정성을 종합적·정량적으로 평가하는 방법이다. 이로 인해 얻어진 일본의 중대사고의 발생확률은 10^{-6}/로·년 정도로, 이는 당시 IAEA가 목표로 하고 있던 기존 원자로 확률인 10^{-4}/로·년, 새로운 원자로 확률인 10^{-5}/로·년을 밑돌고 있었다. 그 때문에 현행 규제로 안전은 충분히 확보되었다고 판단하게 된 것이다.

하지만 설계기준을 넘어선 중대사고를 일으킬 원인에는 '원전 안에서 벌어진 내적 사태'와 '원전 밖에서 벌어진 외적 사태' 2가지가 있다. 내적 사태는 원자력 플랜트 측의 문제, 즉 기기의 고장이나 운전원의 과실, 즉 휴먼 에러 등을 말하며, 외적 사태는 지진·홍수·쓰나미·바람·동결·적설·지면붕괴 등의 '예상된 자연현상'과 비행기 추락·댐 붕괴·폭발 등의 '외부 인위적인 사태' 등을 말한다.원자력안전위원회 「발전용 경수형 원자로시설에 관한 안전설계심사지침」 이러한 설계기준을 넘는 사태에 대처하는 것이 중대사고대책이다. 따라서 이런 내적·외적 사태는 본래 각각 검토되어야 하는 성격을 띠고 있었다.

통상산업성은 사고관리를 검토하기 시작했을 당초에는 고장이나 휴먼 에러 등의 내적 사태부터 시작하여 지진 등의 외적 사태에도 대처해나갈 의향은 있었지만 전기사업자와 의견을 조정하는 과정에서 외적 사태의 검토는 배제되었다. 그 때문에 전기사업자에 의한 사고관리는 내적 사태인 고장과 휴먼 에러 대책만 추진되게 되었다.그림 3-1

이처럼 원자력 플랜트의 안전성은 충분히 확보되었다고 착각하고 있었던 규제 관계기관이나 전기사업자는 중대사고대책으로서의 사고관리를 외적 사태까지 확대해서 추진하지 않았다. 그 결과, 후쿠시마 제1원전에서는 쓰나미로 인해 모든 전원이 끊어지는 사태에 적절히 대비하지 못하였고 원자로의 냉각에 실패하고 말았다.

중대사고대책은 사업자의 자율적인 노력에 맡겨둘 것이 아니라, 법령·규제 요구사항으로 마련해야만 했다는 것을 재차 보여준 것이 이번 사고였다.

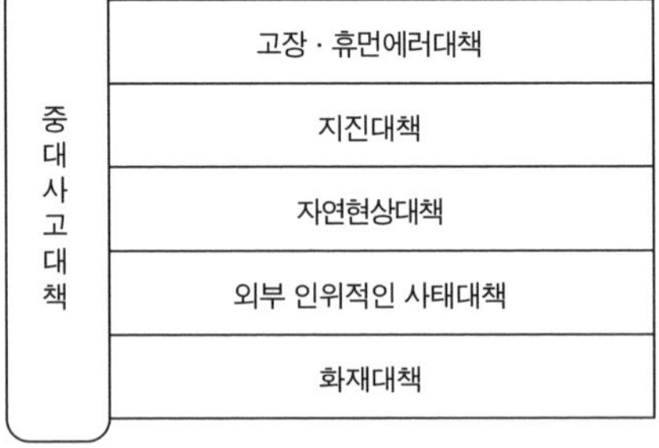

중대사고대책	
	고장·휴먼에러대책
	지진대책
	자연현상대책
	외부 인위적인 사태대책
	화재대책

그림 3-1 중대사고대책의 영역

장기간 모든 전원 상실은 고려하지 않아

후쿠시마 제1원전에서는 외부전원과 거의 대부분의 내부 전원이 끊어졌기 때문에 원자로를 냉각할 수 없게 되어 큰 사고로 이어졌다.

원래 중대사고대책의 중요한 한 가지로 모든 전원이 끊어졌을 때 대처할 수단이 있었다. 모든 교류전원이 끊어지는 사태는 Station Black Out의 앞글자를 따서 SBO라고 불린다. SBO는 모든 외부전원과 플랜트 내의 비상용 전원으로부터 전력공급이 끊긴 상태를 말하며 원자력 플랜트의 안전 확보에 매우 심각한 위협이 된다.

그 때문에 일본에서도 지금까지 원자력안전위원회1978년 이전은 원자력위원회가 수립한 안전설계심사지침에도 전원을 갖추어놓는 것은 지침항목에 들어 있었다. 즉, 1977년 6월 원자력위원회의 「발전용 경수형 원자로시설에 관한 안전설계심사지침」에서는 지침9로 다음과 같이 정해놓고 있었다.

지침9 전원 상실에 대한 설계상의 고려

원자력발전소는 단시간에 모든 동력의 전원이 끊어지는 것에 대해서 원자로를 안전하게 정지시키고 정지 후에는 충분히 냉각시킬 수 있도록 설계되어야 할 것.

단, 고도의 신뢰도가 기대되는 전원 설비가 작동을 멈추는 것까지 동시에 고려할 필요는 없다.

이 지침에는 그 뜻을 명확하게 이해하기 위해 '해설'이 붙어 있는데, 지침9는 아래와 같이 풀이되어 있다.

장기간에 걸친 전원 상실은 송전계통이나 비상용 디젤발전기가 복구될 것이기에 고려할 필요는 없다.

'고도의 신뢰도가 기대되는'이라는 것은 비상용 전원설비를 항상 가동해 두어 대기설비에 문제가 없게 하든지 혹은 신뢰도가 높은 다수 유닛의 독립 전원설비가 구내에서 운전되고 있는 경우 등을 의미한다.

1990년 8월에 「발전용 경수형 원자로설비에 관한 안전설계심사지침」은 원자력안전위원회가 전면개정하였지만 전원 상실에 관해서는 계속해서 지침27에 아래와 같이 다루었다.

지침27 전원 상실에 대한 설계상의 고려

원자로시설은 단시간에 모든 교류동력의 전원이 끊어지는 것에 대해서 원자로를 안전하게 정지시키고 정지 후에는 충분히 냉각시킬 수 있도록 설계되어야 할 것.

지침27 또한 다음과 같이 풀이되어 있다.

장기간에 걸친 모든 교류동력의 전원 상실은 송전선이나 비상용 교류전원 설비가 복구될 것이기에 고려할 필요는 없다.

비상용 교류전원 설비가 계통 구성 혹은 운용(항상 가동상태로 해 두는 것 등)으로 이상 없이 돌아갈 가능성이 매우 높을 경우에는 설계상 모든 교류동력의 전원이 끊어지게 될 것을 고려하지 않아도 무방하다.

원자력안전위원회의 안전설계심사지침은 말하자면 이중 체크로 이용되기 때문에 거기서 정한 사항은 엄밀하게는 사업자에게 법령·규제를 근거로 요구할 사항은 아니다. 하지만 사업자가 이러한 사항을 실시하지 않을 경우, 규제 관계기관이 실시하는 심사에 통과하기가 어려워진다. 따라서 전력회사에게 이것은 사실상의 법령·규제 요구사항이다. 그러나 이 지침27에는 다음과 같이 중대한 문제점이 있었다.

즉, 지침27에 명기되어 있는 '단시간'을 원자력위원회와 원자력안전위원회에서는 1977년 이래 30분 이하로 이해하는 것이 관행이 되어 왔다. 그 때문에 지침27은 모든 교류전원이 끊어지고 30분 안까지 냉각기능을 유지하기에 충분할 만큼의 축전지를 요구한다고 해석하여 전력회사도 그에 맞게 준비해왔다.

또한 지침은 외부전원의 고장과 내부 전원의 고장을 따로 일어날 사태라는 전제하에 수립되어 있어, 이 두 전원이 동시에 끊어지는 사태가 발생할 것이라고는 전혀 생각한 적도 없었다. 또한 배전반이 피해를 입으리라는 것도 전혀 생각한 적이 없었다. 안전설계심사지침을 수립한 관계자의 명백한 오판이었다고 말할 수밖에 없다.

과거의 안전심사에서 '단시간'을 30분이라고 해석한 심사 관행의 근거나 장시간 동안 모든 교류전원이 끊어짐에 대해 고려해 볼 필요가 없다고 했던 것에 대해서 지금까지 원자력안전위원회에서 전문위원들이 반복해서 질문을 하였지만, 이 심사 관행과 지침의 타당성에 의문을 던지지도 않았고 오랫동안 모든 교류전원이 끊어지는 것을 고려할 필요가 없다는 지침이 고쳐지지도 않았다. '장시간 동안 모든 교류전원의 상실은 고려할 필요가 없다'는 등의 지침이 이렇게 오랜 동안 남아 있었던 것은 규제관계자의 태만이라고밖에 말하지 않을 수 없다.

쓰나미 대책

후쿠시마 제1원전은 당초 3.122m의 설계파고波高로 설치가 인가되어 1호기부터 4호기까지는 땅에서 4m 높이에 비상용 해수펌프 등의 시설이, 그리고 10m 높이에 원자로 건물과 터빈건물 등이 건설되었다. 이 경우의 3.122m라는 파고는 1960년의 칠레 지진쓰나미를 고려한 것이었다. 따라서 원래 쓰나미가 덮칠 경우, 그 거슬러 오르는 파도의 높이가 4m를 넘으면 바닷물로 식히는 기능이 멈추고 10m를 넘으면 직류전원이나 비상용 디젤발전기 본체 등이 멈춰 버리는 시설이었다.

그 후 도쿄전력이 예상 쓰나미를 다시 검토하게 되어 후쿠시마 제1원전을 덮치는 쓰나미의 최대파고는 5.7m나중에 산정한 것에서는 6.1m로 개정되어, 다음 장에서 서술하는 바와 같이 2002년에는 비상용 해수계 펌프의 둑 증축공사가 이루어졌다. 이렇게 함으로써 쓰나미가 덮쳐 4m 높이에 설치되었던 대부분의 시설이 침수해 손상을 입더라도 비상용 해수계 펌프는 피해를 입지 않아 냉각기능은 유지되어 노심 손상을 막을 수 있다고 생각하였다. 그러나 도호쿠 지방 태평양 연안지진으로 발생한 실제 쓰나미의 파고는 10m를 넘어 원자로의 냉각기능은 멈추게 되었다.

1993년 7월에 홋카이도 남서부 연안지진이 발생하여 오쿠시리 섬을 중심으로 쓰나미가 덮쳤다. 그 피해가 심각하였기 때문에 통상산업성은 그 직후에 기존 원전의 쓰나미 안전성을 평가하도록 지시하였다. 이를 이어 받아 도쿄전력은 다음해인 1994년 3월에 「후쿠시마 제1 및 제2원전의 쓰나미 안전성 평가보고서」를 통산성에 제출하였다. 이와 같이 규제당국도 1990년대부터 쓰나미로 입을 피해에 대해 어느 정도 인식하고 있었다.

원자력 플랜트의 안전설계심사지침을 수립할 책무를 지고 있는 원자력 안전위원회도 2001년 7월에 개시한 「발전용 원자로시설에 관한 내진설계

심사지침」의 개정에서 당초 지진에 따른 사태로 쓰나미대책을 포함시킬 구상을 가지고 있었다. 이 위원회 사무국도 쓰나미대책을 포함할 필요성은 인식하고 있었다.

하지만 개정작업에 앞서 지진에 대해서는 원자력발전기술기구업무가 JNES와 에너지종합공학연구소 등에 이관된 것으로 2008년 3월에 해산에서 진지하게 논의되었으나 쓰나미에 관해서는 따로 검토되지는 않았다. 또한 내진지침 검토분과회의 위원에 쓰나미 전문가는 포함시키지 않았다. 쓰나미는 어디까지나 지진에 따른 사태이며 쓰나미의 진원이 정해지면 시뮬레이션으로 파고를 계산할 수 있기 때문에 쓰나미 전문가가 없더라도 지진 전문가만 있다면 쓰나미문제는 해결할 수 있다고 생각했기 때문이었다.

그러나 과거 쓰나미피해나 쓰나미대책의 역사, 쓰나미대책의 특성 등의 문제는 지진 전문가만으로 해결하기는 어렵다. 쓰나미 전문가를 위원으로 넣지 않았던 것은 당시 원자력안전위원회가 쓰나미문제의 중요성을 가벼이 여겼음을 단적으로 드러냈다고 할 수 있다.

원자력안전위원회의 내진설계심사지침 개정작업은 5년 정도 걸려 2006년 9월에 겨우 마쳤다. 최종적으로 개정된 지침에서는 맨 끝 '8. 지진수반사태에 대한 고려'의 안에 시설 주변 경사면의 붕괴와 함께 쓰나미가 포함되어, '시설의 사용기간 중에 극히 드문 경우지만 발생할 가능성이 있다고 상정하는 것이 적절한 쓰나미에 의해서도 시설의 안전 기능이 중대한 영향을 받을 우려가 없을 것'이라고 기재되어 있다. 이 같은 지침에 쓰나미대책이 명확히 명시된 것은 평가할 만한 점이지만 결국 새로운 쓰나미대책이 나오는 계기가 되지는 않았고, 도쿄전력이나 전국의 전기사업자 모두 그때까지 쓰나미대책을 크게 재검토하는 일은 없었다.

② 정부의 긴급시 대응의 문제점

제대로 이루어지지 않았던 「원재법」에 기초한 긴급시 대응

심각한 원자력재해가 발생했을 때 피해가 확대되지 않도록 막고 재해를 수습하기 위해서는 긴급시 어떻게 대응하느냐가 매우 중요하다. 후쿠시마 제1원전에 사고가 났을 때 정부의 긴급시 대응에 대해서는, 예를 들어 3월 12일 이른 아침에 현지를 시찰하는 것이나 꺼리낌 없이 마구 호통치는 것이 눈에 띄었던 간 총리의 리더십이 옳고 그른지에 대해서 일반인의 관심이 높다. 그러나 그것보다도 중요한 것은 일본에서 긴급시 재해대응이 전체적으로 제대로 돌아갔는가 하는 점이다.

1999년의 도카이 촌 (주)JCO 임계사고의 교훈에서 같은 해, 원자력재해에 대한 대책을 강화하기 위해 「원재법」이 제정되었다. 이에 따라 원자력재해가 발생했을 경우, 현지에 현지대책본부를 설치해 내각 총리로부터 권한을 위임받은 현지대책본부장을 중심으로 사태에 대응한다는 틀이 만들어졌다. 이 법에 따라 작성된 「원자력재해대책 매뉴얼」원재 매뉴얼도 현지대책본부가 중심이 되어 사태에 대응해 가는 것을 전제로 짜여져 있었다.

이번과 같은 사례를 돌이켜 보면 3월 11일 19시 3분에 정부는 원자력 긴급사태를 선언함과 동시에, 간 총리를 본부장으로 하는 원자력재해대책본부원재본부를 관저에, 현지대책본부를 후쿠시마 현 오쿠마 정의 오프사이트센터에, 또한 원재본부 사무국을 경제산업성 긴급시 대응센터에 각각 설치하였다. 그리고 원재 매뉴얼에 따라서 현지대책본부를 진두지휘해야 할 본부장인 이케다 모토히사池田元久 경제산업 차관, 이 대책본부의 주요 구성원인 도쿄전력의 무토武藤 부사장 등이 오프사이트센터로 집결하였다.

그러나 거점이 된 오프사이트센터의 통신설비 대부분이 지진으로 인해 사용할 수 없게 되었고, 시설도 방사선에 대한 대비가 전혀 이루어지지 않았기 때문에 이 센터의 시설 자체를 사용하기 곤란하였다. 이 때문에 현지대책본부는 15일까지는 후쿠시마 현청으로 이전하지 않을 수 없었다. 이렇게 해서 현지대책본부는 초동단계에서 긴급시 사령센터로서의 역할을 거의 할 수 없었다.

이 때문에 도쿄에 설치된 원재본부가 현지대책본부가 담당해야 할 업무를 포함해 재해대책의 전면에 나서지 않을 수 없었다. 그 때 관계부처의 간부직원이 집결한 관저 지하의 위기관리센터이미 도호쿠 지방 태평양 연안지진 발생으로 재해대책본부가 설치되어 있었다의 기능이 활용되지 않고, 주로 관저 5층그리고 부분적으로 관저 지하 2층에서 간 총리를 중심으로 중요 안건이 결정되었다. 그러나 간 총리는 스스로가 적극적으로 정보 수집에 나서거나 사고 현장에 시찰을 하는 등 자신이 전면에 나서는 모습으로 원전사고에 대한 초기대응을 전개하였다.

원재본부가 기능하지 않고 이러한 초기대응이 벌어지게 된 첫번째 원인은 원재본부의 사무국을 담당하는 역할을 하던 보안원이 전혀 그 기능을 다하지 못하였던 데 있다. 보안원이 주어진 역할을 다하지 못하였던 것은 현지와 도쿄전력으로부터 정확한 정보를 입수할 수 없었던 것도 있지만, 사고 규모가 과거에 겪어보지 못할 만큼 컸던 이번과 같은 원자력재해에 대한 대비가 전혀 없었다는 점에 있었다.

이러한 상태를 해소하기 위해 3월 15일 도쿄전력 본사 내에 후쿠시마원자력발전소 사고대책종합본부종합본부가 설치되었다. 이 종합본부의 본부장에는 간 총리 스스로가 취임하고 가이에다海前田 경제산업성 장관과 도쿄전력의 시미즈 사장 2명이 부본부장으로 취임했다.

종합본부가 설치되어 무엇보다도 큰 도움이 되었던 것은 도쿄전력의 화상회의시스템을 통해서 후쿠시마 제1원전의 발전소대책본부와 실시간으로 의견을 교환할 수 있게 되었고, 플랜트의 상황이나 작업의 진척상황 등의 정보를 정부, 도쿄전력, 보안원 사이에 공유하게 되었다. 이후, 종합본부가 정부의 원재본부를 대신하여 실질적인 긴급시대책센터로서의 기능을 하게 되었다.

이상과 같이 최초 며칠간은 원재법과 원재 매뉴얼에 상정되지 않은 관저 5층이, 그리고 3월 15일 이후는 종합본부가 일종의 사령센터가 되고 간 총리가 전면에 나서는 모습으로 사고 대응이 전개되었다그림 3-2. 현지대책본부와 원재본부 사무국이 해야 할 역할을 하지 못하였다는 점, 관저에 의한 정보 집약태세와 원자력안전위원회의 조언기능에도 많은 약점이 있었다는 점이 법규를 벗어난 이런 사태를 야기시켰다고 할 수 있다.

원재법은 언뜻 보면 아주 잘 짜여진 것처럼 보이는 법률이지만 그것은 JCO사고라는 말하자면 국지적인 사고를 전제로 해서 설계된 법률이다. 원래 대규모 혹은 광역적, 그리고 복합재해로 발생한 이번과 같은 원자력재해에 대한 대응을 상정한 것은 아니었다. 원재법과 그에 바탕을 둔 원재 매뉴얼이 기능할 수 없었던 것도 어떻게 보면 당연한 일이었다.

완전하지 않았던 규제 관계기관

보안원은 발전용 원자력시설에 관한 안전규제를 담담하고 사용 중이던 원자로 등에 재해가 발생하면 원재본부 사무국으로서 재해대응의 중심적 역할을 해야 하는 조직이었다.

그러나 후쿠시마 원전사고 발생 후 긴급사태 대응에서 ① 정보수집기능을 적절하게 발휘할 수 없었고 총리 관저와 관계부처가 요구한 필요한 정보

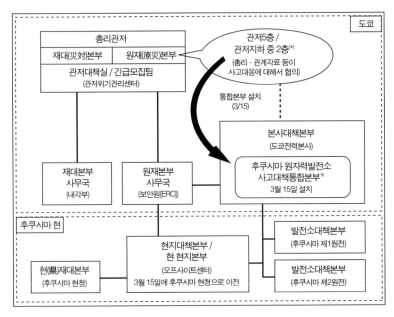

그림 3-2 후쿠시마 제1·제2원전 사고대응 등에 관한 조직 개략도(3월 15일 이전)
출처: 정부사고조사위 「최종보고」

를 적시에 적절하게 제공할 수 없었다는 점, ② 총리 관저에 원자력재해의
사태 진전과 필요한 대책, 원재법 등의 법령 내용에 대해서 설명·조언하는
역할을 부여받았으나 그 역할을 다 할 수 없었다는 점, ③ SPEEDI정보를
입수하였지만 오염을 방출한 근원에 관한 정보를 얻지 못할 경우에는 피
난에 활용할 수 없다는 해석과 이것을 효과적으로 활용하려고 하지 않았
다는 점이 점은 SPEEDI을 소관하는 문부성에도 큰 문제가 있었다, ④ 현지대책본부
로 위임하지 않는 등 원재본부 사무국으로서 해야만 하는 역할을 다 하지
못한 경우가 많은 등 허술함을 많이 드러냈다.

또한 원자력재해를 미연에 방지하는 것에 대해서도 중대사고대책 등의 안전규제에 관한 중장기적 과제에 노력하는 자세가 부족했고, 결과적으로 사업자가 중대사고대책을 똑바로 실시하게 할 수 없었다는 점 등 원자력안전의 규제기관으로서 그 소관업무에 맞는 역할을 제대로 취하지 않았다.

원자력안전에 관한 지식과 과제는 발전소 현장에 존재하기 때문에 규제 관계기관이 뛰어난 안전확보 능력을 보유하는 것은 결코 쉬운 것이 아니다. 규제 관계기관이 그 역할을 다하기 위해서는 전기사업자에 뒤지지 않을 안전·기술에 관한 실무적 혹은 전문적 지식과 더불어 뛰어난 심사·업무수행 능력이 필요하다. 이러한 능력은 단순히 규제·심사를 맡는 담당자 개인의 전문적인 능력뿐만 아니라, 조직적·제도적으로 발휘되는 안전확보를 위한 기능 등도 포함되어 있다. 보안원은 이점에서도 극히 부적절한 조직이었다.

보안원의 문제점을 상징하는 것이 오프사이트센터의 방사선대책이 부족했던 점이다. 오프사이트센터는 원자력재해가 발생하면 긴급사태대책의 중심이 되는 현지대책본부를 설치할 장소가 되는 곳이기에 후쿠시마 제1원전의 오프사이트센터는 사고현장에서 약 5km 떨어진 오쿠마 정에 설치되었다.

하지만 이 원전에서 매우 가까운 거리에 설치되었음에도 불구하고 이 센터는 방사성물질을 차단할 공기정화필터가 구비되어 있지 않았다. 그 때문에 3월 14일 3호기 건물이 폭발한 후에 치솟은 방사선량 때문에 관계자는 이 센터를 떠나지 않을 수 없었던 사태에 빠졌다. 즉, 원자력재해를 예상한 시설임에도 불구하고 그 구조는 방사선량의 상승을 전혀 고려하지 않았던 것이다.

총무성은 2008년 1월부터 약 1년에 걸쳐 관계행정의 개선에 이바지할 목적으로 원자력방재업무 전반에 관한 행정평가·감시를 펼쳤다. 오프사이트센터에서 행정평가 대상으로 삼았던 곳은 전국 22개소 중 13개, 그 중 EPZ 방재계획을 중점적으로 충실하게 해야 하는 원자력 플랜트에서 10㎞ 권내의 지역 내에 설치되었던 것은 7개 센터였다.

총무성은 그 평가작업을 정리한 「원자력의 방재업무에 관한 행정평가·감시결과에 의거한 권고(제2차)」2009년 2월 중에서 후쿠시마를 포함하는 5개 센터에서 피폭 방사선량을 낮추는 환기설비가 없었다는 점을 지적하며 개선할 것을 권고하였다.

그러나 보안원은 오프사이트센터가 외부 환경의 영향을 받지 않도록 하는 방법과 이 센터에 출입하는 요원의 출입관리 방법 등을 정리하는 방침은 내렸으나 에어필터의 설치 등 구체적 조치는 취하지 않은 채 이 개선권고를 방치하였다. 이처럼 안전신화에 얽매여 있었던 보안원은 대규모의 원자력재해가 발생할 것에 대비한다는 발상 자체가 부족했다.

현장에 파견된 보안원 직원의 대처에도 큰 문제가 있었다. 즉, 사고발생 당시 후쿠시마 제1원전에는 원자로의 정기검사 등을 위해 보안검사관 7명과 보안원 본원 직원 1명이 파견되어 있었다. 사고가 나자 그 중 3명은 오프사이트센터로 이동하고, 5명은 제1원전에 머물러 있었다. 하지만 남아 있던 직원 5명마저 방사선량이 오르면서 12일 새벽에는 오프사이트센터로 대피했다.

그 후 제1원전 내에 보안원 직원이 아무도 없다는 점을 염려한 현지대책본부는 보안원 직원을 다시 파견하기로 결정하여 13일 아침에 4명이 현장에 도착했다. 그러나 이들 직원은 원전통제시설에서 나와 물이 제대로 주입되고 있는지 확인하는 등의 적극적인 정보수집을 하지 않고 3호기 원자로 건물의 폭발이나 2호기의 상황이 악화되면 현장에 머물러 있다가는 자신이 위험해질 수 있다고 생각하여 현지대책본부의 지시를 받지 않은 채

14일 17시 무렵에 후쿠시마 제1원전을 탈출하고 말았다. 이는 도쿄전력 사원이나 하청회사 종업원이 죽기를 각오하고 대처활동에 나섰던 와중에 실로 책임감과 자각이 부족한 행동이었다고 말하지 않을 수 없다.

규제 관계기간으로서 중요한 또 하나의 조직은 원자력안전위원회이다. 원자력안전위원회는 보안원 등의 규제당국이 행하는 안전규제에 대하여 그 적절성을 객관적으로 감사·감시하고, 규제당국이 하는 안전심사를 검토하기 위한 평가기준을 제정하는 활동을 해왔다. 더불어 원자력재해가 발생했을 때에는 정부와 지자체에 기술적 조언을 하는 것을 책무로 한 조직이었다.

원자력안전위원회는 전술한 바와 같이 일본 원자로시설은 충분히 안전하고 중대사고는 공학적으로는 실제로 일어나지 않을 정도로 그 가능성은 매우 낮고, 원자력시설이 손상될 가능성은 극히 낮다는 인식하에 그 업무를 수행해 왔다. 이 인식이 틀렸다는 것은 후쿠시마 제1원전에서 중대사고가 발생한 사실로 명확해졌다. 이와 같이 원자력안전위원회도 주어진 역할을 적절하게 다하였다고는 말할 수 없는 조직이었다.

정보제공·홍보의 문제점

광범위하고 심각한 영향을 미친데다가 시시각각 사태가 변화하는 원자력재해에서 관계기관이 국내외로 정보를 제공하는 형태는 매우 중요하다.

정보를 알리는 수단은 기자회견과 홈페이지 등 다양하지만 행정과 전문가의 판단을 일방적으로 전하는 것을 리스크 메시지라고 한다. 원자력재해의 정보를 알릴 경우, 일반 국민에게 있어 일상생활과 전혀 관련이 없고 용어부터 난해한 기술정보나 방사선에 관한 정보가 한꺼번에 나오기 때문에 일방적인 리스크 메시지는 오히려 국민들 사이에 혼란과 불신을 야기할 우려가 있다. 국민, 특히 주변 주민은 어떤 정보가 필요한지, 알린 재해정보가 주변 주민과 국민에게 어떻게 받아들여지고 해독되고 있는지 등 현실에 맞게 정보를 알릴 필요가 있다.

후쿠시마 원전사고와 관련한 홍보는 당초 ① 내각관방장관, ② 보안원, ③ 현지대책본부3월 15일에 후쿠시마 현청으로 이전한 이후, ④ 후쿠시마 현, ⑤ 도쿄전력 이상 5자가 각각 독자적으로 하고 있었으나, 3월 12일 이후는 사전에 총리 관저의 양해를 얻어 시행되게 되었고, 4월 25일부터는 정부와 도쿄전력의 홍보가 일원화되어 종합본부에서 언론에 발표되게 되었다.

이들 각 조직에 의한 후쿠시마 제1원전사고에 관한 정보제공의 방식은 어쩔 수 없이 피난한 인근 주민과 국민에게 실상을 신속·정확하게 전달하지 못하고 있는 것 아닌가 하는 의문을 품게 하는 것이 다수 보였다. 특히 방사성물질이 확산되는 상황과 예측에 대한 정보제공과 노심의 상태, 3호기의 위기상황 등에 관한 정보제공 등이 그러하였다.

또한 방사선이 인체에 미치는 영향에 대해서 빈번하게 내각 관방장관이 '즉시 인체에 영향을 주지는 않는다'고 말하는 등 알아듣기 힘든 설명이 반복된 것은 오히려 국민의 불안을 고조시켰다. 이 경우 '즉시'라는 표현은 '현재는 영향이 없지만 장래에는 있을지도 모른다'라고 해석할 여지를 남긴 부적절한 표현이었다.

더욱이, 3월 12일 언론 발표에서 노심용융의 가능성을 언급했던 홍보담당 심의관을 교체해, 고집스럽게 노심용융을 부정하는 듯한 홍보로 일관해 온 보안원의 홍보행태 또한 국민의 불신을 더욱 더 증폭시키기만 하였다.

이와 같이 어떤 사정이 있었을지라도 긴급하게 다루어져야 할 정보의 전달과 공표가 늦어져 언론 발표를 미루거나 충분히 알기 쉽게 설명되지 않는 등의 문제가 거듭되는 것은 주변 주민들의 적절한 자율적 판단을 방해하고 게다가 '정부와 도쿄전력이 무언가 숨기고 있는 것은 아닌가' 등의 국민적 의혹과 불신을 초래한 측면이 있었다. 그런 점에서 이번의 정보제공·홍보 방식은 긴급사태시의 리스크 커뮤니케이션 방식으로는 극히 부적절하였다.

홍보의 기본 원칙은 사실을 신속하게, 정확하게, 알기 쉽게 전달한다는 데 있다. 긴급사태시에도 이 원칙을 관철하는 것이 결과적으로 주변 주민에게 적절한 자율적 판단을 할 수 있도록 돕고, 국민에게 불안감이나 혼란을 주는 것을 미연에 방지하는 데도 필수불가결하다.

③ 지자체의 긴급시 대응의 미비

정보 부족으로 인한 대혼란

원재법 제5조는 지방공공단체에 '원자력재해 예방대책, 긴급사태 응급대책 및 원자력재해 사후대책의 실시를 위해 필요한 조치를 강구할 것'을 요구하고 있다. 즉, 지자체는 국가의 권고·조언을 받아 원자력재해의 방지, 긴급사태 대응, 사후대책 등을 구체적으로 실시하는 행정기관으로서의 역할이 주어졌다.

3월 11일부터 12일에 걸쳐서 후쿠시마 제1원전의 사태가 나빠져 원자력 플랜트의 전체 상황을 정확하게 파악할 수 없는 급박한 상황이 되자 정부가 피난가거나 건물 안으로 대피할 것을 지시내린 지역이 점차 확대되어갔다. 그러나 정부의 피난지시는 피난대상구역이 된 모든 지자체에 신속하게 전달되지 않았을 뿐만 아니라, 그 내용도 구체적이지 않았다.

그 때문에 각 지자체는 원전사고의 상황에 대해서 텔레비전·라디오 등으로 보도된 정보 이상은 얻지 못한 채 주민을 어디로, 어떻게 피난시킬지 결정해야만 되었다. 이렇게 해서 현장은 대혼란에 빠졌다.

관계 시정촌의 초기 피난상황을 보면, 예를 들어 나미에 정의 경우 지자체 사무소 기능과 원전 인근 주민을 마을 안에서도 먼 곳으로 피난시켰지만 15일에는 그것도 위험하다고 알려와 니혼마쓰 시로 다시 피난해야만 했다. 그러나 나중에 드러난 것이지만, 그 피난경로는 방사성물질이 흩날린 방향과 일치하였다. 또한 도미오카 정의 경우, 처음에는 가와우치 촌으로 피하였으나 가와우치 촌의 주민들과 함께 고리야마 시로 다시 피난하게 되었다.

후타바병원의 비극은 왜 일어났는가

후쿠시마 현은 도호쿠 지방 태평양 연안지진 발생 직후, 현청사 가까이 있던 후쿠시마 현 자치회관 3층 대회의실에 현지사를 본부장으로 하는 후쿠시마 현 재해대책본부현 재대본부를 설치하였다. 후쿠시마 제1원전사고 발생 이후는 이 본부 안에 원자력반이 설치되어 원전사고의 대응을 담당했다. 그러나 사상초유의 복합재해 발생을 앞에 두고 현 재대본부는 정보 부족과 혼란한 와중에 긴급사태 대응에 많은 문제점과 과제를 남겼다. 그 중 하나가 피난구역에 남겨진 후타바병원의 입원환자 등을 피난시키고 구출하는 문제였다.

후쿠시마 제1원전에서 가까운 오쿠마 정의 후타바병원에서는 3월 12일 이른 아침, 발령된 피난지시를 따라서 혼자 걸을 수 있는 환자 209명과 병원장을 제외한 병원 직원이 준비된 대형버스를 타고 후타바병원을 빠져 나왔다. 하지만 그때까지 후타바병원에서는 침대에서 일어나지 못하는 중환자 등 환자 약 130명과 원장이, 또한 이 병원 계열의 간병노인 요양시설인 '드빌 후타바'에도 입소자 98명과 시설직원 2명이 남아 있었다.

현 재대본부가 후타바병원과 드빌 후타바에 남은 사람이 있다는 사실을 안 것은 오프사이트센터로부터 구조의뢰가 있었던 3월 13일 오전 중이었다. 그래서 현 재대본부는 자위대에게 구조·수송요청을 하였다.

자위대의 구조부대는 14일 새벽 현지에 도착해 10시 30분 무렵에 드빌 후타바의 입소자 98명과 후타바병원 환자 34명을 이송하기 시작하였다. 상태에 따라 나뉘어 이송된 일행이 '이와키고요光洋 고교'에 도착한 것은 이송이 시작된지 8시간이 지난 같은 날 20시 무렵이었다.

고교측은 도착한 환자의 상태를 보고 의료진의 추가도 없이 의료시설도 없는 체육관에 받아들이기는 곤란하다고 판단해 일단 수용을 거부하였다. 이와키카이조開城병원이 의사를 파견하기로 약속하고 나서야 수용을 승낙해 이날 21시 30분에 수용이 시작되었다. 그 시점에서 환자 8명이 이송 중에 사망한 사실이 확인되었다.

15일 11시 무렵에는 높은 방사선량 속에서, 자위대는 후타바병원에 남겨진 47명을 이송하기 시작하였다. 게다가 자위대의 별도 부대가 11시 30분 무렵 7명을 구조하였다. 환자 54명은 상태에 따라 나뉘어 후쿠시마 현립 의과대학 부속병원으로 향했으나 수용이 거부되어 16일 1시 무렵 이토후레 아이센터에 수송되었다. 이 그룹의 이송에서도 2명이 사망하였다.

마지막으로 3월 16일 0시 무렵, 후타바병원 별관에 마지막까지 남아 있던 35명이 구조되었다. 이날에도 5명이 이송 중에 사망하였다.

이러한 비극이 일어난 것은 다음과 같은 이유가 있었기 때문이다.

첫 번째, 후쿠시마 현의 지역방재계획에서는 주민피난·안전반피난용 차량

준비를 담당과 구조반남은 환자의 파악과 이송병원의 확보 등을 담당 등과 피난 담당 부서가 현 재대본부 안에 여러 개 반으로 흩어져 있고 각 반을 총괄하는 반도 존재하지 않았다. 그 때문에 3월 13일까지 피난구역 내의 입원환자를 파악하는 역할은 어느 반이 담당하는지 명확하지 않았다.

두 번째 현 재대본부는 후타바병원 환자 대부분이 침대에서 일어나지 못하는 상태라는 정보를 가지고 있으면서도 그 정보를 현 재대본부 내에서 공유하고 있지 않았다. 그 때문에 14일 이송에서 침대에서 일어나지 못하는 환자의 수송에는 적합하지 않은 갈아타야 하는 차량이 준비되었다.

세 번째 현 재대본부와 별도로 현의 보건복지부 장애복지과가 독자적으로 이송병원을 준비고 있으면서도 그 정보에 관하여 현 재대본부와 공유하지 않고 있었다. 그 때문에 이송병원이 멀리 떨어진 고등학교 체육관이 되어 버렸다.

네 번째 14일 밤, 후타바병원장은 경찰관과 함께 와리야마 고개로 피난해 자위대의 구출부대를 기다렸으나 현경縣警본부로부터 연락을 받은 현 재대본부 내에서 이 정보를 공유하지 않았기 때문에 원장 등은 자위대와 합류하지 못한 채 15일에 구출되지 못하였다. 그 때문에 같은 날 두 번째 구출에 나선 자위대는 이 병원의 별관에 환자 35명이 남아 있다는 사실을 알아채지 못해 환자는 그대로 방치되었다.

이처럼 후쿠시마 현의 재해대책본부는 초기 단계에서 내부의 업무분담과 정보공유라는 점에서 부족한 점을 드러내었고, 피해 확대를 방지한다는 점에서 충분한 역할을 다하지 못하였다.

현의 부적절한 판단

그밖에 지자체에서 요오드제를 배포하는 것을 둘러싸고도 후쿠시마 현의 대응에는 다음과 같은 부적절한 점이 있었다.

요오드제는 방사능에 노출되기 전에 복용하면 방사성 요소가 체내에 흡수되더라도 갑상선에 쌓이는 것을 막는 역할을 한다. 그 때문에 2002년에 원자력안전위원회가 정리한 「원자력재해시에 요오드제 예방복용법에 관하여」에서 '재해대책본부가 판단하여 옥내대피와 피난의 방어대책과 함께 요오드제를 예방적으로 복용할 것'으로 명시되어 있고, 후쿠시마 제1원전과 제2원전의 주변 지자체 등에서는 사고 전부터 요오드제를 비축해두었다.

미하루 정은 3월 14일 늦은 밤, 주민이 방사능에 노출될 것을 예상하고 요오드제를 배포·복용하도록 지시하기로 결정하였다. 그래서 15일 13시 무렵, 무선통신 등으로 주민에게 이 사실을 알리고, 지역 약제사가 참석하여 대상자의 약 95%에게 요오드제를 배포하였다. 이를 안 후쿠시마 현 보건복지부 직원이 이날 저녁 무렵, 미하루 정에 국가로부터의 지시가 없다는 이유로 배포를 중지하고 회수할 것을 지시내렸으나 미하루 정은 이에 응하지 않고 회수하지 않았다.

확실히 요오드제 복용은 정부의 재해대책본부의 판단에 맡겨졌지만 미하루 정이 행한 조치는 주민의 건강을 지킨다는 점에서 타당한 대응이었다고 평가할 수 있다. 오히려 국가의 지시가 없다는 이유로 미하루 정에 회수 지시를 내린 현의 판단이 부적절했다고 해야 할 것이다.

이처럼 피해의 확대 방지에 가장 큰 역할을 담당해야 할 지자체조차도 정보부족과 혼란한 와중에 여러 번 실패를 거듭하고 말았다.

노벨 경제학상을 수상한 허버트 사이먼은 인간은 합리적이라고 하지만, 그 합리성에는 한계가 있다는 것을 '한정합리성'이라는 개념으로 설명하였다『신판 경영행동-경영조직에서 의사결정과정의 연구』, 다이아몬드사, 2009년). 즉, 인간의 지적 능력에는 한계가 있고 장래의 예측 불가능한 사태를 전부 예견할 수는 없다는 것이다. 현실에서 발생한 문제와 사고로부터 배워 인식의 시야와 범위를 확대하는 것은 이러한 인간의 한계를 보완하는 데 어느 정도 도움을 준다.

1995년 1월에 고베대지진이 발생했다. 수천 명 규모의 피해자가 발생한 지진재해로서는 48년 후쿠이지진사망자 3769명 이래 47년만의 대재해였다. 그러한 것도 있어서 당시 무라야마 도미이치村山富市 내각의 긴급사태 대응은 신속함과 적절함이 부족해 많은 비판을 받았다.

그로부터 16년 후 동일본대지진 발생시에는 자위대의 신속한 투입이 이루어지는 등 고베대지진 때의 교훈을 살렸다. 또한 동일본대지진의 피해지에서는 지진과 쓰나미로 전기, 가스, 수도 등 '라이프라인'이 무참히 파괴되었지만, 그 복구에는 전국 사업자의 큰 협력이 있었다. 이것도 고베대지진 때의 경험이 컸다.

한편, 후쿠시마 제1원전사고에서는 원자로 세 기에서 동시에 문제가 발생해, 원자로 하나를 수습하는 것이 가까이 있는 원자로의 대처·대책에 영향을 끼쳤다. 하지만 지금까지 일본의 중대사고대책에서는 두 기 이상의 원자로에서 심각한 중대사고가 동시다발적으로 발생하는 것에 대해서는 전혀 생각하지도 않았다. 그 때문에 그 대처에 많은 과제와 문제점을 남겼다.

INES는 원자력시설에서 발생한 문제가 안전상 어떠한 의미를 가지는 가를 등급0에서 7까지의 8단계로 간결하게 표시해두었다. 8단계 중 안전 상 중요하지 않은 사태를 등급0으로 하고 등급1부터 3까지는 인시던트 incident, 등급4부터 7까지를 사고(액시던트)accident로 분류하고 있다. 인시던 트는 안전에 영향을 주지 않거나 줄 우려가 있는 사태를 말한다. 인시던트 와 사고를 구별하는 기준은 인간과 환경에 끼칠 영향의 크기에 있다. 문제 가 생겨 시설 외부에 영향을 미치고, 피폭에 의해서 적어도 1명 이상의 사 망자가 나온 사태부터 사고가 된다.

후쿠시마 제1원전 사고가 일어나기까지 일본에서 발생한 원자력 사고 중 가장 심각한 것은 1999년 도카이 촌에서 발생한 (주)JCO의 핵연료 가공시 설의 임계사고즉사량 피폭으로 종업원 2명 사망이며, 다음으로 1997년의 옛 도 넨의 도카이사업소 아스팔트 고화처리시설의 화재폭발사고종업원 37명 피폭 였다. 이들은 전자가 등급4, 후자가 등급3으로 평가되었던 사고였지만, 모 두 원자력 관련시설에서 발생한 것으로 원자력발전소에서 일어난 것은 아 니었다. 일본의 원자력발전소에서는 지금까지 등급2 이하의 문제밖에 발 생하지 않았고, 게다가 대량의 방사성물질이 방출되었던 사고는 전혀 없 었다. 관계자 사이에서 원자력 안전신화가 나온 것도 이러한 현실이 반영 된 것이기 때문이다.

스리마일섬 사고와 체르노빌 사고는 원자력발전소에서 설계기준을 넘 는 중대사고가 발생할 수 있다는 것을 명료한 형태로 보여줬다. 그러나 일 본에서는 등급3 이상의 발전소 사고는 일어나지 않았다는 것에 안주하여 중대사고에 대한 현실감을 잃어버리고 말았다. 과거의 실패로부터 배운다 는 것의 중요성을 새삼 인식하게 한 것이 후쿠시마 제1원전사고였다.

4장

도쿄전력의
실패와 안전문화

지침대로만 한다면 괜찮다는 사고방식

제3장에서 언급한 바와 같이, 원자력안전위원회는 1992년 5월에 「발전용 경수형 원자로시설에 있어서 중대사고Severe Accident대책으로서의 사고관리Accident Management에 관하여」를 수립해, 사업자가 자율적으로 사고관리를 하도록 장려했다. 통상산업성도 같은 해 7월에 사업자가 자율적 노력으로 사고관리를 추진하도록 지시했다.

이런 배경으로 도쿄전력은 그 후 10년에 걸쳐서 사고관리를 정비해 나가고, 2002년 5월에 후쿠시마 제1원전, 후쿠시마 제2원전과 가시와자키카리와 원전의 「사고관리 정비 보고서」와 「사고관리 정비 유효성 평가보고서」를 정리하여 경제산업성2001년 1월 5일까지는 통상산업성에 제출하였다.

그때 도쿄전력이 실시했던 사고관리의 주요사항은 ① 원자로와 격납용기에 주수 기능을 강화하는 등 설비상의 사고관리대책의 정비, ② 사고관리 실시 조직과 실시 태세의 정비, ③ 사고시 운전조작 순서 설명서와 사고관리 가이드 등 사고관리의 처리절차 서류의 정리, ④ 사고관리 실시 조직에서 관계자 교육의 추진이라고 하는 4가지였다.

이처럼 후쿠시마 제1원전에 있어서도 사고관리가 실시되었지만, 그것을 정비하는 데는 1992년 통산산업성의 지시가 있은지부터 사실상 10년의 세월을 필요로 했다. 게다가, 앞 장에서도 언급한 바와 같이, 중대사고의 원인이 내적 사태에 한정되어 있었기 때문에, 자연재해 등의 외적 사태에 대한 준비는 사고관리의 대상 밖으로 여겨졌다.

그런데 도쿄전력은, 2002년까지의 노력으로 사고관리 정비는 마쳤다고 여기고, 그 후 국내외 원자로시설에서의 사고나 새로운 지식을 포함해 수시로 필요한 대책을 취한다는 소위 '수평전개'로 대책의 중점을 옮겼다. 예를 들면, 2007년 7월 니가타 현 주에쓰 앞바다 지진 때에, 가시와자키카리와 원전에서 사무본관이 손상되고 변압기에 불이 나는 사고가 일어났는데, 그 사안의 수평전개로 2008년 2월까지 후쿠시마 제1원전에 화학소방차 2대와 수조달린 소방차 1대가 배치되었다. 또한 2010년에는 방화수조가 새롭게 몇몇 장소에 설치되어 각 호기의 터빈건물 등에 소화전과 연결되는 송수구가 증설됨과 동시에 긴급시 대책본부가 사무본관에서 원전통제시설로 이전되었다.

원전통제시설은 비상용 발전장치가 있고 방사선도 방어할 수 있는 시설로, 이번 긴급사태 대처에서 후쿠시마 제1원전 안에 있는 거점으로서 결정적으로 중요한 역할을 맡았다. 원전통제시설이 없었다면 후쿠시마 제1원전에서 사고를 대처하기란 매우 곤란했을 것이 틀림없고, 이점에 대해서는 높이 평가해도 좋다.

도쿄전력은 이상과 같이, 2003년 이후 수평전개는 실시했지만 외부사태 대책을 포함한 그 이상의 사고관리를 추진하려고 하지는 않았다.

일본과 같이 지진이 많이 발생하는 나라에서는 지진이나 쓰나미와 같은 자연재해는 중대사고의 원인 중에서도 특히 주의해야만 한다. 그러나 도쿄전력은 사전 예상을 뛰어넘는 자연재해가 발생할 경우에 대비해서 중대사고대책을 통해 원자로 손상을 방지하고 피해 완화를 도모한다라고 하는 원자력안전의 원칙적 사고방식은 세우지 않았다. 도쿄전력의 자연재해대책에 대한 사고방식은, 일정 규모의 지진이나 쓰나미 등의 자연재해를 예상하고, 원자력안전위원회가 수립한 안전설계 심사지침이나 내진설계 심사지침에 입각해 원자로시설을 설계한 것만으로 충분하다고 보았던 것이다.

이러한 사고방식에 근거해, 도쿄전력에서는그리고 전국의 전기사업자들도 마찬가지이지만 기존 원자로시설에 대하여 중대사고대책을 세우려 하지 않고, 내진안전성평가를 통해 자연재해 등에 충분히 견딜 수 있는지 여부를 재심사해, 만약 내성이 충분하지 않다고 판단될 경우에는 대책공사의 실시로 대응한다는 대처법이 채택되어 왔다.

후쿠시마 원전사고는 원자로 세 기에서 한꺼번에 심각한 문제가 발생했다. 모든 전원이 물에 잠겨 끊겼지만 그에 대처할 대비법은 전혀 없었다. 안전은 확립되어 있다는 착각이 외부사태로 생길 피해의 불확실성을 과소평가하는 것으로 이어지고, 발전소의 가동률 중시라는 경영자세가 중대사고의 피해를 과소평가하게 만들어버렸다. 이렇게 해서 중대사고에 대한 준비는 불충분한 채로 방치되어 온 것이 도쿄전력의 실태였다.

사고관리대책의 실태

그렇다면 후쿠시마 제1원전에서 실제로 실시되었던 사고관리대책이란 어떤 것이 있었을까? 여기에서는 ① 전원 상실 대책, ② 소방차에 의한 물·바닷물 주입책, ③ 긴급시 통신수단이라는 3가지에 관해서 살펴본다.

① 전원 상실 대책

도쿄전력의 전원 상실 대책은 인접한 원자로시설 중 어느 것 하나는 온전하다는 것을 전제로 세워져 있다. 즉, 어떤 요인에 의해 여러 개의 원자로시설이 동시에 고장·파손되어 인접한 원자로시설로부터 전원을 돌려 쓸 수 없는 사태가 된 경우의 대처방책은 검토되지 않았다.

또, 비상용 전원에 대해서도, 비상용 디젤발전기는 설치인가 때와 비교해서 증설되어 있었지만, 전원반이 '다양'하게 갖춰져 있지 않았다. 말하자면 외부 및 내부 전원 전부가 장기간에 걸쳐 끊기는 사태에 대한 대비책은 전혀 없었다.

그것 때문에 그러한 사태가 발생한 경우를 예상한 계측기기 복구, 전원복구, 격납용기 증기배출, 안전밸브를 열어 압력을 낮추는 등의 매뉴얼도 정비되어 있지 않았고, 이들에 관련된 사원교육도 이루어지지 않았다. 또, 후쿠시마 제1원전시설 안에는 그러한 작업에 필요한 배터리, 공기압축기, 전원차, 전원케이블 등의 기자재도 미리 갖추어 놓지 않았다.

② 소방차에 의한 물·바닷물 주입책의 미수립

전술한 바와 같이, 니가타 주에쓰지진 때 가시와자키카리와 원전에서 발생했던 화재사고의 수평전개로서, 후쿠시마 제1원전에도 소방차가 배치되었다. 그러나 소방차를 이용한 물 주입책은 그 효과가 사내 일부에서는 인식되고 있었음에도 불구하고, 사고관리대책 가운데는 자리잡지 못했다.

거기에 바닷물 주입책에 관해서는 최악의 사태에 취해야만 할 선택지의 하나로는 인식되어 있었지만, 한편으로는 그런 사태까지 이르지 않을 것으로 판단하고 구체화하지는 않았다. 또 소방차로 소화계 관을 이용한 대체 주수를 발전소대책본부의 어떤 기능반짜이나 그룹이 실시할 것인지도 명확히 해놓지 않았다.

그 때문에 후쿠시마 제1원전에서 3월 11일 17시 12분 무렵, 요시다 소장이 소방차로 대신 물을 넣는 방법을 검토하도록 지시했을 때, 각 기능반장이나 반원 어느 누구도 자기 반에 내려진 지시라고는 인식하지 못한 채, 어떤 반도 즉시 준비에 들어가는 조치를 취하지는 않았다. 이렇게 해서 주수 준비에만 2시간이나 걸려 버렸다.

또한 소방차로 계속해서 물을 넣을 경우에는 수원을 확보해야만 하는데, 최종적으로는 바닷물을 수원으로 삼을 경우가 발생한다. 그러나 바닷물 주입책의 검토·정비도 이루어지지 않았다. 그 때문에 3월 12일 바닷물을 원자로에 넣을 지경이 되자 신속히 수로를 마련하는 데에 곤란을 겪게 되었다.

게다가 바닷물을 주입하면 원자로를 폐쇄할 수밖에 없기 때문에 도쿄전력이 이를 주저하느라 바닷물 주입이 늦어진 것이 아닌가라는 지적이 일부 있다. 확실히 본사대책본부에서는 바닷물 주입에 주저하긴 했지만, 그것은 원자로를 폐쇄하는 것을 우려했기 때문이 아니라, 원자로를 다시 정상상태로 되돌릴 수 있을지를 걱정했던 간 총리의 의향을 지나치게 의식한 결과였다.

③ 기능하지 않았던 긴급시 통신수단

후쿠시마 제1원전뿐 아니라, 긴급시에는 각 플랜트에서 작업을 하는 사람과 발전소대책본부나 중앙제어실의 스태프가 정보를 공유하는 것이 매우 중요하다. 그렇게 하기 위해서는 긴급시 사용에 견딜만한 통신수단을 반드시 정비해 두어야 한다.

후쿠시마 제1원전에서는 그때까지 늘 PHS*를 연락수단으로 사용했고, 긴급시에도 기능을 할 것으로 생각하였다. 그러나 실제로는 PHS의 전파를 한데 모으는 기기PHS리모트 장치에 딸린 백업 배터리의 지속시간이 약 3시간이었기 때문에 3월 11일 저녁 이후, 쭉 PHS를 사용할 수 없었다.

---

* 기존의 가정용 아날로그식 무선전화기 대신 디지털방식을 채용해 옥외에서는 휴대전화로 사용할 수 있는 간이형 개인휴대통신이다.

그 때문에 각 플랜트에서 복구작업 등을 하고 있던 발전소 직원과 발전소대책본부와 중앙제어실 사이에 의사소통 수단을 잃고 말았다. 무선기 등을 대체수단으로 사용하였지만, 송수신되는 장소가 제한되어 있는 문제가 발생하는 등 긴급시 대처의 초기 단계에서 정보교환에 굉장한 지장이 생겼다.

게다가 도쿄전력에서는 원전시설에서 PHS관련 장치를 포함한 전송·교환용 전원 축전지의 최저 유지시간을 1시간으로 설정했었다. 이것은 모든 교류전원이 끊어지면 1시간 이내에는 각 플랜트에서 교류전원의 공급이 복구되어야 한다는 전제가 깔린 것으로, 여기서도 장시간에 걸쳐 모든 전원이 끊기는 사태는 고려되지 않았다.

한편, 사고관리대책이 불완전한 형태로 취해진 건 후쿠시마 제1원전만이 아니라, 후쿠시마 원전사고가 발생하기까지 전국의 다른 원자력발전소에도 공통된 것이었다.

전국의 전기사업자들로 구성된 전기사업자연합회는 홈페이지에 '자주하는 질문'이라는 메뉴를 만들어놓고 있는데, 그 중에 최근까지 '발생하지 않을 것으로 예상되는 중대사고에 대해 왜 사고관리가 필요한가?'라는 항목이 있었다.2013년 1월 20일 현재

이 항목에 대한 답변으로 '원자력발전소에서는 설계, 건설단계부터 운전관리에 이르기까지 다중방호의 정신에 입각한 엄격한 안전확보대책을 마련하고 있으며, 안전성은 충분히 보장되어 있습니다. 사고관리의 정비는 원자력발전소의 안전성이 충분하다는 사실에 안주하는 것이 아니라, 그 안전성을 한층 더 높이기 위한 부단한 노력을 하는 편이 낫다는 관점에서 전기사업자가 자율적으로 취한 만약을 위한 조치입니다'라고 기술되어 있었다.

사고관리는 원래라면 중대사고대책의 유력한 마지막 카드인 것이다. 그러나 위에 기술한 바와 같이, '원자력발전소의 안전성은 충분히 높다'고 하는 것이 전국 전기사업자들의 공통된 인식이었고, 사고관리는 '만약을 위한 조치'로밖에 여겨지지 않았던 것이다.

❷ 도쿄전력의 쓰나미 평가

1993년 7월에 오쿠시리섬을 중심으로 막대한 피해를 낸 홋카이도 남서부 앞바다 지진쓰나미가 발생했다. 이 지진쓰나미는 일본의 쓰나미방재대책을 재검토하는 데 큰 계기가 되었다. 1997년 3월에는 건설성이나 운수성, 농림수산성 등 관계부처가 합동으로 「태평양 연안부 지진쓰나미 방재계획 기법 조사보고서」를 공표하고, 새로운 쓰나미방재에 대한 사고방식이나 검토방법이 제시되었다.

이를 받아들여 전력업계도 쓰나미 평가에 대한 사고방식을 검토하기 위해, 전력공통연구9개 전력회사 등 전기사업자 공통의 필요에 의해 실시된 연구로서 '쓰나미평가기술의 고도화에 관한 연구'를 실시했다. 그리고 1999년에는 원자력시설의 쓰나미에 대한 안전성평가기술을 체계화하고 표준화하는 것에 관해 검토하려는 목적으로 토목학회 원자력토목위원회에 쓰나미평가부회가 설치되었다.

토목학회 쓰나미평가부회는 전술한 바와 같이, 2002년 2월에 전기사업자의 전력공통연구 성과도 포함한 쓰나미평가기술을 정리했다「원자력발전소의 쓰나미평가기술」. 이에 따라 예를 들어 후쿠시마 제1원전에는 예상하는 쓰나미의 높이가 3.1m에서 5.7m로 변경되었고, 제시된 쓰나미파고를 산정하는 기법도 뛰어난 것이었다. 그러나 다음과 같은 문제점을 포함하고 있었다.

즉, 부회의 검토작업 안에 쓰나미가 예상 높이를 넘어설 가능성을 지적하는 의견이 있었지만, 쓰나미평가기술은 산정된 파고를 넘어서는 쓰나미가 덮칠 가능성은 없는 것으로 정리되었다. 또, 제안하는 기술의 적용범위나 유의사항이 기재되어 있었다면 그 후의 내진설계 심사지침의 개정작업 등에서도 쓰나미 문제에 대해 주의했을 가능성이 있었다고 생각되지만 그렇지 않았다.

쓰나미평가기술은 대체로 신뢰할 만한 흔적높이가 기록되어 있는 쓰나미를 평가대상으로 해서 예상 쓰나미파고를 산정한다. 따라서 과거 300년에서 400년 사이에 발생한 쓰나미만 대상으로 할 수밖에 없다. 쓰나미가 이 500년에서 1000년이라는 긴 간격으로 다시 발생했다 하더라도 문헌·자료로 남아 있지 않으면 검토되지 않는 경우가 많다. 쓰나미평가기술의 배경이 된 「태평양 연안 지진쓰나미 방재계획기법 조사보고서」는 쓰나미대책을 대상으로 한 것이었지만, 쓰나미평가기술은 쓰나미높이를 산정하는 기술일 뿐 그 높이를 근거로 어떻게 대책을 취해야 하는지를 보여주는 것은 아니었다.

한편, 1995년 고베대지진이 발생하고 나서 전국적인 지진방재대책을 추진하기 위해서 같은 해 「지진방재대책 특별조치법」이 제정되었다. 그리고 그 법에 근거하여 행정시책으로 직결되는 지진조사연구를 일원적으로 추진하기 위해 총리부2001년 이후는 문부과학성에 설치에 지진조사연구추진본부가 설치되었다. 추진본부는 2002년 7월에 「산리쿠 앞바다부터 보소 앞바다에 걸친 지진활동의 장기평가에 관하여」를 공표했는데, 그 가운데 '1896년

메이지 산리쿠지진과 같은 지진은 산리쿠 앞바다 북부에서 보소 앞바다 해구 가까운 영역 안에서 발생할 가능성이 있다'는 의견이 제시되었다.

보안원은 2006년 9월 원자력안전위원회의 내진안전성에 관련한 안전심사지침의 개정이 있고 나서, 다음 해인 2007년에 전기사업자에 대해 가동 중이거나 건설 중인 원자로시설에 관한 쓰나미평가를 포함하는 내진안전성평가의 실시를 요구했다. 이 지시에 근거한 후쿠시마 제1원전과 제2원전의 안전성평가 작업 중에 추진본부가 메이지 산리쿠지진과 같은 지진이 산리쿠 앞바다 북부에서 보소 바다까지 어디서나 발생할 가능성이 있다는 의견을 어떻게 다룰 것인가가 문제가 되었다.

그래서 이 의견이 2002년 쓰나미평가기술에 근거한 후쿠시마 제1원전의 안전성평가를 뒤집는 것인가 여부를 검토하기 위해 도쿄전력은 2008년에 쓰나미의 피해를 재검토하게 되었다. 그 결과, 후쿠시마 제1원전에서 예상한 쓰나미 높이는 10m가 넘게 나왔다. 또, 도쿄전력은 같은 해, 소위 사타케佐竹논문佐竹健治·行谷佑一·山木滋, 「이시마키(石巻)·센다이평야의 869년 조간(貞觀) 쓰나미 수치 시뮬레이션」,『활단층·고(古)지진연구보고』, 2008년에 기재된 조간 쓰나미 파원波原모델을 바탕으로 파고를 계산하여 9m가 넘는 수치를 얻었다.

그런데 도쿄전력이 전자에 관해서는 산리쿠 앞바다의 파원모델을 후쿠시마 앞바다에 적용하여 계산한 가상 수치일뿐이고, 또 후자에 관해서는 파원모델이 확정되어 있지 않다고 해서 추진본부의 견해가 충분히 근거 있는 것이라고는 생각하지 않았다. 그 때문에 후쿠시마 제1원전에서 쓰나미 대책을 재검토·강화하는 데 착수하는 일은 하지 않았다.

원래대로라면 사업자가 내린 이런 판단에 대해 보안원은 원자력안전에 대한 규제기관 입장에서 그 적용가능성 여부에 관해 독자적으로 검토해야만 했지만 그러지 않았고, 도쿄전력의 움직임에 특히 이의를 제기하는 목소리도 없었다.

이렇게 2008년에 쓰나미대책을 재검토할 계기는 있었지만 그렇게 되지 못하고 결과적으로 이번 원전사고를 방지할 수가 없었다. 도쿄전력도 보안원도, 게다가 원자력안전위원회도, 쓰나미로 발생할 중대사고의 피해를 과소평가했던 것이 이번의 심각한 사태가 일어나고 만 것이다.

③ 도쿄전력의 사고대처 문제점

본사와 원전의 역할분담

도쿄전력에서는 「원재법」 제10조 제1항에 규정하는 특정 사태가 발생해 원자력방재 관리자인 발전소장이 제1차 긴급시 태세를 발령한 경우, 각 원자력발전소와 본사에 긴급시 대책본부를 설치하는 것으로 돼 있다.

3월 11일 15시 42분, 요시다 후쿠시마 제1원전 소장은 원재법 제10조 제1항이 규정하는 특정 사태가 발생했다고 판단하여 관계부처, 지방자치단체, 도쿄전력 본사에 통보했다. 그 대응으로 도쿄 본사와 후쿠시마 제1원전에 긴급시 대책본부가 설치되었다. 이미 후쿠시마 제1원전에서는 그보다 약 1시간 전에 도호쿠 지방 태평양 앞바다 지진 발생과 함께 원전통제시설 내에 비상시 재해대책본부가 설치되어 있었다. 거기서 두 개의 대책본부는 이 시점에 통합되어 이후 긴급시 대책본부가 긴급시 대처의 본부기능을 담당하게 되었다.

현지와 본사의 두 대책본부의 관계는 〈그림 4-1〉에 나타난 바와 같다. 즉, 현장에 설치된 발전소대책본부는 긴급시 대처의 전면에 나서고 본사대책본부는 중요사항을 확인·양해하면서 이를 지원한다는 역할이 나눠지게 되었다.

후쿠시마 제1원전에서는 원전통제시설을 제외하고 전 지역에 조명이 나간 상황에서 또, 쓰나미로 인해 파손된 설비류나 쓰레기 등으로 일대가 어지러운 가운데 긴급시 대처가 이루어져야만 했다. 게다가, 곧바로 3월 11일 저녁 이후, 원자로가 손상되면서 방사성물질이 방출되기 시작했기 때문에 원자로 주변의 방사선량이 높아졌다. 방사선량은 높고 암흑상태에서 사고에 대처할 수밖에 없었기 때문에 도쿄전력 사원이나 하청회사 종업원의 고생은 이루 말할 수 없었다.

그러나 이처럼 어려운 조건에 처해 있다는 점을 고려하더라도 도쿄전력의 긴급시 대처에는 큰 문제점이 있었다. 이하, 그 가운데 특히 문제로 생각되는 1호기 비상용 복수기의 작동상황에 관한 오인과 3호기의 대체주수에 있어서의 실수에 관해 논한다.

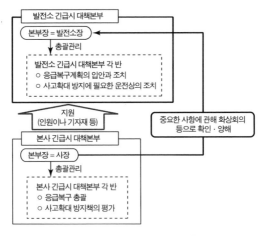

그림 4-1 도쿄전력의 긴급시 대책 체제

출처: 도쿄전력 「후쿠시마원자력사고 조사보고서」(2012년 6월 20일)

정부사고조사위원회가 2011년 6월 17일 후쿠시마 제1원전을 시
찰할 때 촬영

그림 4-2 원전통제시설의 발전소긴급시대책본부

1호기 비상용 복수기의 작동상태 오인문제

비상용 복수기는 제2장에서 상술한 바와 같이, 압력용기 내의 수중기를
복수기탱크에서 식혀 물로 되돌려서, 그것을 펌프를 이용하지 않고 자연
순환에 의해 원자로로 되돌리는 것을 반복함으로써 노심을 냉각하는 비
상용 냉각장치이다. 후쿠시마 제1원전 1호기에는 이러한 시스템이 2벌 마
련되어 있다.

이 비상용 복수기가 정상적으로 작동했더라면 1호기의 노심이 손상에까
지 이르지는 않았을지 모른다는 것은 제2장에서 이미 지적한 바와 같다.
그러나 실제로 비상용 복수기는 정상적으로 작동되지 않았지만, 긴급시 대
책본부는 그것이 정상적으로 작동되고 있다고 잘못 알고 있었다.

이 오인이 발생한 가장 큰 이유는 도쿄전력의 본사를 포함한 기술관계
사원이 비상용 복수기의 기본기능에 관한 지식이 부족한 데 기인한다. 즉,
비상용 복수기 시스템은 직류전원이 끊어진 직후에는 안전장치 기능에 의

해 비상용 복수기의 격리판이 닫히게 되는 논리로 구성되어 있음에도 불구하고, 발전소대책본부나 본사대책본부에 모여 있던 직원 누구도 그것을 알아채는 사람이 없었던 것이다.

또한, 3월 11일 16시 42분부터 16시 56분 사이에 원자로 수위가 낮아지던 것이나 17시 50분 무렵에 1호기 원자로 건물 부근에 높은 방사선량이 측정되었기 때문에 비상용 복수기가 돌아가고 있는지 확인할 수 없었던 것 등 비상용 복수기가 정상적으로 작동하고 있지 않다는 사실을 보일 만한 징후가 나타났다. 이러한 것들을 고려한다면 비상용 복수기의 모든 격리판이 닫히거나 거의 닫혀 있는 상태여서 비상용 복수기가 기능하지 않는다는 것 또는 그럴 가능성이 매우 높다는 것을 알아차렸어야만 했다. 그러나 대책본부의 거의 모든 사람이 그것을 알아채지 못해 적절한 지시와 현장대처를 하지 못했다.

다만, 당직은 같은 날 18시 18분 무렵, 제어반이 다시 켜지면서 2A판과 3A판을 열려다가 비상용 복수기 격리판이 작동하지 않는 것 아닌지 의문을 갖고 발전소대책본부와 상의했을 뿐이다. 그러나 비상용 복수기의 기본 구성을 이해하지 못하고 있던 발전소대책본부는 비상용 복수기의 작동상황에 관한 인식을 바꾸지 않았다.

정부사고조사위원회의 후쿠시마 제1원전 관계자에 대한 공청회에 의하면, 비상용 복수기의 작동을 오랜 기간에 걸쳐서 경험했던 사람은 발전소 안에는 없었고, 예전에 조금 작동해 본 경험담이 운전원 사이에서 입으로 전해지고 있을 뿐이었다. 비상용 복수기의 기능, 운전조작에 관한 교육훈련도 일단은 실시되었다고는 하지만, 직류전원이 끊어지는 사태에 대한 교육훈련은 이루어지지 않았다.

이렇게 사고대처의 최전선에 선 발전소대책본부나 그 지원을 맡은 본사대책본부 관계자 중에는 비상용 복수기의 구조나 기능을 충분히 이해하고 있는 사람이 없었다. 또한 현장을 담당하고 있던 사원도 그 운전 조작에 관해 숙달돼 있지 않았다.

노심손상을 방지하는 수단으로서 냉각을 한다는 것은 무엇보다도 우선사항이어야 한다. 비상시에 그 중요한 역할을 담당해야만 하는 비상용 복수기의 기능이나 취급방법에 관해서 사내社內가 이런 상황이었다는 것은 원전을 운영하는 원자력사업자로서 매우 부적절했다고 말할 수밖에 없다.

비상용 복수기가 기능마비에 빠졌기 때문에 1호기를 냉각하기 위해 무엇보다 한시라도 빨리 대체주수하는 것이 필수다. 그 때문에 원자로용기의 압력을 낮추는 조작 등이 필요하게 되었다. 감압조작을 하기 위해 12일 오전 0시 무렵에 준비지시가 떨어졌다. 그러나 실제로 이 작업이 개시된 것은 같은 날 14시 무렵이었다.

즉, 감압·주수를 시작하기까지 많은 시간을 지체해 노심냉각이 늦어진 것이었다. 비상용 복수기 작동상황의 오판이야말로 그러한 지체를 낳은 가장 큰 요인이었다.

모든 전원이 끊어진 비상사태에서는 무엇보다 노심냉각을 위한 조치를 취해야 했음에도 불구하고, 발전소대책본부와 본사대책본부는 장기간에 걸쳐서 비상용 복수기의 작동상황을 잘못 알고 있었고, 그 때문에 대체주수를 서두르지 않았다. 게다가, 격납용기의 증기배출 지시도 늦어졌다. 바꿔 말하면, 비상용 복수기 작동상황의 오인이 1호기 대처가 연쇄적으로 늦어진 것이라고 할 수 있다.

이렇게 1호기는 노심냉각에 실패하고, 더 나아가서 12일 오후에는 원자로 건물에서 수소폭발이 발생했다. 이 때문에 일부러 가설했던 케이블이

절단되어 2호기와 3호기의 전원도 늦게 회복되게 되었다. 비상용 복수기 작동상황의 오인은 이렇게 단순히 1호기만 아니라, 2호기, 3호기의 대처에도 나쁜 영향을 미쳤던 것이다.

3호기 대체주수에 관한 실수

3월 12일 15시 36분 무렵에 1호기의 원자로 건물에서 수소폭발이 발생한 이후, 각 호기의 노심냉각을 계속하는 것이 그 이전에 비해서 더 절실한 최우선과제가 되었다. 이런 가운데 발생한 것이 3호기 대체주수의 실수 문제이다.

어떤 하나의 방법으로 인해 주수에 문제가 발생한 경우에는 재빨리 다른 방법으로 바꾸어야만 한다. 그런데 실제는 13일 2시 42분 무렵, 충분한 대체주수 수단이 확보돼 있지 않았음에도 불구하고 당직 등 현장이 대체수단을 미리 준비하지 않은 채 3호기의 고압주수계를 수동으로 정지시켜 버렸다.

거기에 바닥난 배터리에 대한 대책이 강구돼 있지 않아서 배터리가 바닥난 고압주수계는 다시 가동할 수 없게 되었고, 대체주수를 위한 감압조작도 실패해 버렸다. 이렇게 6시간 이상에 걸쳐 원자로 주수가 중단되어 버렸다. 게다가 간부사원에게 이러한 사실 보고도 늦어졌다. 그 결과, 같은 날 9시 25분 무렵까지 대체주수가 실시되지 않은 채 3호기 노심까지 손상되고 말았다.

더 나아가, 위와 같은 판단이 간부사원에게 지시를 요청하지 않고 3호기 당직과 발전소대책본부 발전반의 일부 직원이 했다는 것은 긴급사태 대처의 기본이라는 점에서도 문제였다. 가령, 고압주수계를 수동정지했다는 정보를 발전소대책본부 차원에서 공유했었더라면 대체주수 수단을 취하지 않은 채 고압주수계를 수동정지한 당직 등의 잘못된 조치도 빨리 시정할 수도 있었다고 생각되기 때문이다.

실수 대처가 그 후의 사태에 미친 영향

제2장에서 상술한 바와 같이, 3월 12일 15시 36분 무렵에 1호기 원자로 건물에서, 14일 11시 1분 무렵에는 3호기 원자로 건물에서 수소폭발이 일어나 두 건물이 크게 파손되게 되었다. 이 폭발이 발생한 것은 냉각에 실패해 원자로 안의 연료가 손상되면서 물과 핵연료를 덮고 있던 지르코늄이 반응함으로써 수소가 발생해, 그것이 압력용기와 격납용기를 거쳐 원자로 건물로 세어 들어가 가득차 버렸기 때문이었다.

　그런데 혹시 대책본부가 1호기와 3호기의 상황을 올바로 인식해 보다 이른 단계에서 감압·주수 작업을 실시했다면 과연 노심손상을 막을 수 있었고, 따라서 수소도 발생하지 않아 폭발도 일어나지 않게 되었을까?

　이 점은 후쿠시마 원전사고 검증에 있어서 매우 중요한 논점의 하나이지만, 제2장에서 말한 바와 같이 그 답을 얻기 위해서는 노심상태나 주수 태세의 상황에 관해 보다 상세한 검증이 필요하며, 현 시점에 평가하는 것은 곤란하다. 다만 이른 단계에서 압력을 낮추어 소방차로 대신 물을 주입했더라면 노심손상의 진행을 늦춰 방사성물질의 방출량도 낮출 수 있었다는 데는 틀림없다고 생각한다.

발전소대책본부와 본사대책본부의 문제점

후쿠시마 제1원전에서의 긴급사태시 대응책의 기본은 2002년 5월 「후쿠시마 제1원자력 발전소의 사고관리 정비보고서」에 기재되어 있다. 그것에 따르면 긴급시 지원조직의 역할에 관해서 '보다 복잡한 사태에 대해서는 사고상황의 파악이나 어떤 사고관리책을 선택할지를 판단하는 데 있어 기술평가의 중요도가 높고, 또 여러 정보가 필요하다. 이 때문에 지원조직에서 이들 기술평가 등을 실시하여 의사결정을 지원할 것으로 하고 있다'라고 되어 있다.

즉, 지원조직인 발전소대책본부의 정보반, 기술반, 보안반, 복구반, 발전반 등의 기능반은 필요한 정보를 충분히 파악하고 기술평가를 실시해 당직장에게 조언이나 지시를 할 것으로 기대되었던 것이다.

전술해 왔던 사례에 따라 구체적으로 말하면, 지원조직은 노심냉각기능을 갖고 있는 1호기 비상용 복수기의 작동상황에 관한 정보가 당직으로부터 들어오면 이 정보에 근거해 비상용 복수기 작동상태를 적절히 평가하고, 반대로 정보가 안 들어오면 당직에게 연락하여 적극적으로 정보를 수집해야만 한다. 그러나 실제는 그러한 역할을 담당하지 못해 발전소대책본부에서 비상용 복수기의 작동상태를 제대로 알도록 바로잡을 수가 없었다.

또, 본사대책본부에 설치돼 있던 기능반도 각각 담당반이 화상회의시스템 등을 통해서 중요정보를 수집하여 사고대처에 쫓기는 발전소대책본부와는 다른 관점에서 정보를 평가해 발전소대책본부의 의사결정을 지원하도록 되어 있었다. 그러나 본사대책본부에서도 각 기능반의 역할은 충분히 발휘되지 못했고, 본사대책본부에서 발전소대책본부에 대한 적절한 조언·지시가 내려진 것도 거의 없었다.

이렇게 본사대책본부와 발전소대책본부에 설치되어 있던 기능반은 기대했던 역할을 전혀 수행하지 못했다고 해도 과언이 아니다. 특히 원자로냉각의 지체라는 중대한 문제에 대해 효과적인 조언·지시를 내릴 수 없었다는 것은 후쿠시마 제1원전에서의 사전 사고관리 정비내용에 커다란 결함이 있다는 것을 보여주는 것이었다.

모든 교류전원이 끊어지면 배터리계의 전원도 모두 고갈될 수밖에 없다. 아무리 혼란한 상황이었다 하더라도 모든 교류전원이 끊어지고 하루 이상 경과한 13일 새벽에는 3호기 고압주수계나 원자로 격리시 냉각계 등을 작동할 배터리의 고갈에 관해서 후쿠시마 제1원전 관계자는 염려해야만 했었다. 그러한 염려가 있었다면 발전소대책본부로서는 고압주수계 등의 작동에 안주하지 않고 소방차 등을 이용해 빨리 대체주수를 할 수 있었을 것이다.

또, 12일 새벽에는 쓰레기파편도 철거를 끝내 5호기와 6호기 부근에 방치되어 있던 소방차를 사용할 수 있었기 때문에 압력을 낮추기 위해 주증기방출 안전판을 움직일 배터리도 조달할 수 있었다고 생각된다.

그러나 발전소대책본부는 그 시점에는 대체주수 수단으로서 전원을 복구해 붕산수 주입계로 물을 넣는 중기적인 대처 수단 이외에는 준비·검토가 되지 않았다. 3호기 당직이 고압주수계를 수동으로 정지한 후 문제가 생겨 연락을 하기까지 소방차로 대신 물을 주입하려는 움직임은 없었다. 2호기에서는 원자로 격리시 냉각계가 정지하기 전인 13일 12시 무렵, 요시다 소장이 대체주수 준비지시를 내렸기 때문에 사태만 정확하게 파악했더라면 3호기에서도 그러한 대응은 반드시 가능했을 것이다. 3호기에 긴급히 대체주수를 해야만 한다는 인식이 발전소대책본부에 부족했었던 것이 이러한 대응이 늦어지게 했다고 해도 과언이 아니다.

이렇게 발전소대책본부는 전에 경험한 적이 없는 긴급사태에 맞닥뜨려져 대응하기에 극히 곤란했었다는 것은 이해할 수는 있다하더라도, 그 판단이나 행동에는 많은 문제를 남겼다. 본사에 설치된 대책본부도 발전소대책본부를 지원하는 역할을 충분히 해내지 못했다.

4 도쿄전력의 조직적 문제

취약했던 긴급시 대응능력

도쿄전력은 후쿠시마 제1원전사고 이전부터 원자력발전을 담당하는 사람에 대해 법령이 요구하는 수준의 교육과 훈련은 실시하고 있었다. 정부사고조사위원회는 조사활동 중에 다수의 도쿄전력 사원에게 공청회를 열었는데, 원자력부문의 모든 사원이 원자력기술 등에 관해 플랜트 제작자에도 뒤지지 않을 만큼 지식이 풍부했다.

그런데 이번 후쿠시마 원전사고에 대한 사원의 대처·대응을 검증하다보니 지금까지 말한 바와 같이 그러한 지식을 살렸다고는 말하기 힘든 사례를 아주 많이 목격할 수 있었다. 앞서 설명한 1호기 비상용 복수기의 작동상태에 관한 오인 등은 그 전형적인 사례이지만, 원자로 수위계에 관해서도 같은 지적을 할 수 있다.

사고 당시, 원자로 수위계의 지시값이 장기간에 걸쳐 변화를 보이지 않게 된 데 대해 본사와 후쿠시마 제1원전 관계자 가운데서 원자로 수위가 원자로쪽 배관 입구를 밑돌고 있을 가능성이 있다는 사실을 지적한 사람은 없었다. 더욱이 당시 기록을 보면, 기준면기 수위가 저하함으로써 원자로 수위가 높게 잘못 표시될 위험을 지적한 사람은 있었다. 그러나 원자로 수위계의 지시값이 변화를 보이지 않고 있다는 사실로 미루어 원자로 수위가 원자로쪽 배관 입구를 밑돌고 있을 가능성을 알아차릴 수 있는 평가나 검토는 하지 않았다.

또, 격납용기의 상태를 감시하는 CAMS의 구조나 측정결과를 보고 사고관리를 평가할 만한 지식도 풍부했지만, 사고 당시나 그 후에도 측정결과를 이용하여 압력용기나 격납용기에 이상은 없는지 플랜트 상태를 정확히 파악하려고 애쓰지 않았다. 단지 매뉴얼에 따라 노심손상비율을 산정해 보안원에 보고할 뿐이었다.

이상과 같이, 긴장 속에 매우 곤란한 사고대처가 지속된 것은 이해할 수 있지만, 도쿄전력의 긴급시 대응능력에는 큰 약점이 있었다고 말하지 않을 수 없다. 그리고 이것은 현장에 있는 사원 개개인의 문제라고 하기보다는, 도쿄전력이 그러한 능력을 향상시킬 목적으로 교육·훈련을 하지 않았다는 것에 문제가 있었다고 보아야 할 것이다.

더욱이 긴급시 대응능력이 취약한 문제를 살펴보면, 도쿄전력을 포함한 전기사업자나 정부도 일본의 원자력발전소에서는 노심용융과 같은 심각한 중대사고는 일어날 수 없다고 하는 안전신화에 사로잡혀 있었다. 때문에 주변에 위기가 닥칠 수 있다는 현실을 제대로 인식하지 못하게 되고, 평상시에도 위기대응능력을 길러야 한다는 점에서 결정적으로 취약점이 있었다는 것으로 결론이 난다.

이번과 같은 중대사고에 대응할 수 있는 사원의 자질이나 능력은 하루아침에 습득할 수 있는 것도, 형식적인 탁상훈련 등으로 육성되는 것도 아니다. 사고대처에 필요한 자질·능력은 교과서적인 지식을 넘어서, 입수한 정보로 다양한 가능성을 생각하여 모아서 합친 최선의 방법을 찾아내어 실행하는 힘이다.

도쿄전력은 원자력안전에 관해 제일 먼저 책임을 지는 사업자로서, 지금까지의 교육·훈련 내용을 진지하게 재검토해 사원은 말할 것도 없고 하청회사 종업원을 포함, 원자력발전에 관련된 한 사람 한 사람에게 사고대처에 필요한 자질·능력을 향상시킬 노력을 근본적으로 강화할 필요가 있다.

전문직별 수직적 조직의 폐해

도쿄전력은 원자력재해에 조직적·일체적으로 대처하기 위해 방재업무계획이나 사고관리 가이드에서 긴급시 재해대책본부 등의 틀을 강구해 그 중 발전반, 복구반, 기술반 등의 기능반을 마련해두고 있었다. 그러나 이들 기능반은 주어진 업무를 다하는 데는 전력을 다하지만, 사태를 넓게 보고 종합적으로 판단해 자기 반의 역할을 정하여 필요한 지원업무를 하는 능력이 부족했다.

다른 전력회사에서도 볼 수 있기도 하지만, 도쿄전력 사원은 평소 때부터 자신과 동료를 '운전담당', '안전담당', '전기담당', '기계담당' 등으로 전문분야별로 구별하여 각각의 역할을 세분화하는 경향이 있었다. 그 중에는 넓고 얕은 많은 분야를 경험하여 간부가 된 사람도 있지만, 원자력부문의 사원 대부분은 특정분야에 장기간 몸담았던 'OO 담당'이었다. 그런 사원은 자신의 전문분야에 관한 지식은 풍부하지만, 한편으로는 그 이외의 분야에 관해서는 밀접하게 관련된 사항이 있어도 충분한 지식을 갖고 있다고는 말하기 어려운 상황이었다.

이러한 사람들로 조직이 구성된다면 한 사람 한 사람의 시야는 좁아지고 평소에는 문제없이 조직이 움직이는 것처럼 보여도, 이번 같이 긴급사태가 일어나면 그 약점이 드러나 버리는 것이다. 즉, 문제점을 종합해서 폭넓게 보질 못하게 되고, 무엇이 중요하고 무엇을 우선해야 하는가에 관해서 조직의 의사결정이 애매해져 대처가 늦어지게 되는 것이다.

예를 들어, 요시다 소장이 3월 11일 일찍부터 소방차로 물을 주입하는 것을 검토하도록 지시했지만, 미리 매뉴얼에 정해진 업무 계획에 없었기 때문에 각 기능반, 그룹 중 어느 누구도 자신의 업무라고 인식하지 못했다. 그 결과, 12일 새벽까지 실질적으로 검토되지 않은 채 시간만 지나가 버렸다. 이것도 이러한 약점이 드러난 전형적인 사례라고 할 수 있다.

또, 안전밸브를 열어놓는 것도 전원이 있는 경우에는 중앙제어실에서 제어반 상의 조작만으로 충분하기 때문에 당직이 조작하면 되지만, 전원이 끊어졌을 때에는 복구반이 제어반 뒤에 있는 접속단자에 합계 120V의 배터리를 연결시킬 필요가 생긴다. 그 때문에 14일 저녁 이후 2호기 안전밸브를 당직이 열 것인지, 복구반이 열 것인지를 놓고 혼란이 생겼다. 이것도 수직적 조직의 약점이 드러난 하나의 예이다.

중대사태를 예상한 교육·훈련의 결여

전술한 바와 같이, 발전소대책본부와 본사대책본부의 기능반이 충분히 역할을 담당하지 못했던 요인 중 하나는 수직적 조직의 폐해였다. 게다가 기능반이 제역할을 못한 요인으로, 지금까지 도쿄전력에서 원자로 여러 기에 모든 교류전원이 끊기는 사태를 예상해 교육과 훈련을 충분히 하지 않았던 점도 들 수 있다.

도쿄전력의 사고시 운전절차 자료 어디를 봐도 여러 기에서 비상발령 후, 모든 교류전원이 끊긴 것이 며칠 동안 계속되는 사태를 예상한 곳은 없었고, 기껏해야 몇 시간이나 하루 정도 지난 뒤 교류전원이 복구되는 것을 전제로 한 것 뿐이었다. 게다가 교류전원을 어떻게 복구해 갈 것인가 하는 과정에 관해서는 명시되어 있지 않았다. 이처럼 언뜻보면 상세하게 절차를 써 놓은 것처럼 보여도, 어딘가 빠진 곳이 있는 불완전한 것이었다.

도쿄전력이 2002년에 작성한 「사고관리 정비보고서」를 봐도, 이를 테면 '모든 교류전원이 끊기는 사태에서는 사태의 진전이 느리고 시간적 여유가 많기 때문에'라고 일부러 규정하고 있지만, 왜 사태가 느리게 진전되는지 그 근거는 명확하지 않다. 이렇게 불충분한 지침서를 준비하고는 이것을 주지시키고 철저하게 했다고 해서 대처할 수 있는 것은 극히 일부의 전원이 끊어진 경우로 제한되어 버리는 것이다.

훈련에 관해서도, 이를 테면 후쿠시마 제1원전에서는 2011년 2월 하순에 원재법 제10조 통보를 예상한 시뮬레이션 훈련을 했었다. 지진이 발생하여 하나의 플랜트에서 외부전원이 끊겨 변압기가 고장난데 이어 비상용 발전기가 돌아가지 않기까지, 교류전원이 끊기는 사태가 단계적으로 진행되는 것을 상정한 훈련이었다.

그러나 이 경우에도 일정 시간이 경과하면 비상용 디젤발전기가 복구된다는 것이 전제가 되어 있고, 그 동안을 어떻게 모면할 것인가만을 생각할 뿐, 이번과 같은 매우 심각한 사태를 예상한 것은 없었다. 거기에다 배전반이 물에 잠겨 내부 전원이 끊어지는 것 등도 전혀 예상하지 못했다.

도쿄전력은 지진·쓰나미로 후쿠시마 제1원전의 거의 모든 전원이 끊긴 것에 관해 예상 밖의 일이었다고 주장하지만, 그것은 근거 없는 안전신화를 전제로 해 확실하지도 않은 외부 피해를 과소평가한 것에 지나지 않으며, 그 예상 범위는 매우 한계가 있는 것이었다. 그러한 예상을 근거로 교육·훈련을 아무리 실시한다고 하더라도 그것은 긴급시 대처능력의 향상으로 이어지는 것은 아니었다.

과도한 하청의존 체질

후쿠시마 제1원전 내에서는 그때까지 소방차와 중장비 조작은 협력회사라고 불리는 하청회사가 담당해왔는데, 긴급시나 이상이 발생했을 때의 사용방법에 관해서는 구체적으로는 정해져 있지 않았다. 또한, 원래 이번 같은 긴급사태가 발생한 경우에, 피폭의 위험이 따르는 어려운 작업을 하는 것에 관하여 계약내용 안에는 정해져 있지 않았다. 바꾸어 말하면, 하청회사와의 업무계약에 있어서도 중대사고가 발생한다는 것은 전혀 전제되어 있지 않았다.

3월 11일 저녁 무렵, 쓰나미가 빠진 후 후쿠시마 제1원전 안에는 설비 잔해와 파편들이 여기저기에 어지럽게 널려 있어 사람이나 차량이 오가는 데 매우 지장이 생겼다. 그래서 중장비로 이 장애물들을 철거하려고 했지만, 굴착기 같은 중장비를 운전할 사람이 발전소 안에 없어 급히 하청회사에 사원을 보내달라고 요구하는 사태로 몰렸다. 하청회사는 도쿄전력의 요청이 업무계약의 범위를 넘어선다고 거부할 수도 있었으나, 그때까지 소위 갑을관계도 있고 해서 어려운 작업이지만 요청에 응할 수밖에 없었다.

도쿄전력의 과도한 하청의존 폐해는 다음 사례에서도 보인다. 그때까지 소방차 조작을 전부 난메코산南明興産 등의 하청업체에 맡겨 놓고 있었기 때문에 소방차 주수 때 도쿄전력 사원만으로는 운전조작을 할 수 없어 주수 개시가 늦어지는 사태를 불러오고야 말았다. 즉, 필요한 기자재는 준비되어 있었지만, 조작을 할 수 없었고 신속히 초동활동을 펼칠 수 없었던 것이다.

이렇게 체제가 하청에 지나치게 의존하다보니 도쿄전력 사원이 플랜트를 보수관리하는 기술력이나 긴급시 대처하기 위한 실무능력 등이 떨어지는 지경까지 이르게 된 것이다.

충분하지 못한 도쿄전력의 안전문화

제3장에서 살펴봤던 IAEA의 기본안전원칙의 원칙1은 '안전을 위한 최우선의 책임은 방사선 피해를 불러올 시설과 활동에 책임을 맡은 개인이나 조직이 져야 한다'고 되어 있다. 즉, 원자력안전에 대한 일차적 책임은 원자력에 관련된 개인이나 사업자 등의 조직에 있는 것으로 되어 있다.

또, 원칙3에서는 '관계된 모든 조직과 개인의 안전에 관련되는 자세와 행동을 지배하는 안전문화는 관리시스템에 포함되어 있어야 한다'고 해서, 안전문화 정착의 중요성이 강조되어 있다. 게다가 원칙3에서는 안전문화에 포함되는 사항으로 아래 세 가지를 들고 있다.

· 지도부, 경영진, 직원 모두의 입장에서 개인과 집단이 가져야 할 안전에 대한 헌신
· 모든 차원에서 안전에 대한 조직 및 개인의 설명책임
· 질문해서 배운다는 태도를 장려하고 안전에 관해 자기만족에 빠지지 않도록 경계하기 위한 수단

도쿄전력은 원자력발전소의 안전확보에 일차적인 책임을 지는 사업자인 만큼 국민에 대해 중대한 사회적 책임을 지고 있지만, 자연재해로 인해 노심에 중대한 손상을 발생시킨 사태에 대한 사전대책이 불충분하고, 후쿠시마 제1원전이 설계기준을 넘어서는 쓰나미를 당할 경우를 대비해서도 충분한 대응을 강구하지 않았다. 또, 긴급시 대처능력이 약하였고, 그 외에도 중대한 사태를 예상한 교육·훈련이 충분하지 못했던 것 등 철저한 안전문화라는 점에서 많은 결함이 있었다.

경보기가 붙어 있는 포켓 선량계*는 원전 작업원의 피폭량 관리에 없어서는 안 될 장치이다. 후쿠시마 제1원전에는 약 5000개가 준비되어 있었으나, 대부분이 쓰나미로 인해 망가져 버렸다. 그 때문에 모든 작업원에게 선

---

* pocket dosimeter: 만년필 모양의 휴대용 방사선 감지 장치

량계가 전달이 되지 않았고, 도쿄전력은 사고 후 약 1개월에 걸쳐서 많은 작업원을 포켓 선량계 없이 업무에 종사시켰다. 그런데 실제로는 3월 12일부터 13일에 걸친 이른 시기에 가시와자키카리와 원전에서 보낸 포켓 선량계 500개가 후쿠시마 제1원전에 있었다.

정부조사위원회는 「중간보고」에 대한 국제적인 전문가평가를 위해 2012년 2월 24일~25일에 해외에서 전문가 5명을 초대해 토론을 벌였다. 그 자리에서 전문가 중 1명인 스웨덴 보건복지부 장관인 라스 에릭 홈Lars-Erik Holm에게 받은 지적이 이 문제였다.

홈 장관은, 사고발생부터 수주일 사이에 현장의 하청 종업원에게 선량계를 지급하지 않고 작업을 시킨 것과 선량계가 없었던 것이 아니라, 가시와자키카리와 원전 등에서부터 도착해 있었던 것을 도쿄전력 사원이 알지 못해 활용되지 못했던 점 두 가지를 지적하며 도쿄전력 안전문화의 부재를 나타내는 것이라고 신랄하게 비판했다.

국민과 사회에게 정보를 공개하는 데에서도 도쿄전력에는 큰 문제가 있었다. 예를 들어, 3월 11일 19시 언론발표에서 1호기, 2호기 둘다 냉각 중이라고 하는 등의 오보를 반복하였고, 국민의 관심이 가장 높은 방사성물질의 검출이나 누출에 관해서는 공표하지 않는 등 정보제공을 제한했다.

특히 문제인 것은 도쿄전력이 노심이 손상되었다는 사실을 사고 후 2개월이 경과한 5월 12일이 되어서야 공식적으로 인정하였다는 점이다. 이러한 도쿄전력의 정보제공 방식은 '도쿄전력은 무언가 불리한 것을 감추고 있는 것은 아닌가' '진실을 말하고 있지 않은 것은 아닌가' 등 국민의 불신을 높이는 결과를 가져왔다. 이 점에서도 도쿄전력의 안전문화에는 뚜렷한 결함이 있었다.

도쿄전력은 자사의 안전문화에 문제가 있었다는 것을 진지하게 반성하여 좀 더 차원 높은 안전문화를 회사 전체에 구축하기 위해 근본적인 노력이 필요하다.

5장

왜 피해가
확대되었을까?

이번 사고에서는 사고발생 초기에 발전소 밖으로 새어나온 방사성물질에 의한 직접적인 사망자는 나오지 않았다. 그러나 주민은 정보를 거의 얻을 수 없는 가운데, 점차 범위가 확대된 피난 지시에 농간을 당했다. 또한, 병원이나 고령자시설에서 피난이 원활이 이루어지지 않았기 때문에 대피장소에 도착하기까지 많은 사람이 목숨을 잃었다.

게다가 사고가 발생하고 나서 피난생활을 보내면서 많은 사람이 사망했다. 소위 지진 관련사이다. 앞으로 피난생활이 깊어지면 사고 전파는 완전히 다른 환경에서의 부자유스러운 생활이 정신적·육체적으로 큰 영향을 미쳐 더 많은 사람이 사망할 우려가 있다.

원전사고는 모든 것을 붕괴시킨다. 발전소 그 자체는 물론이고, 방사성물질이 발전소 밖으로 누출되는 사태가 생기면 그 영향은 인근 주민의 건강 그 자체뿐만 아니라, 가족, 지역, 사회마저 무너져 버리는 것이다.그림 5-1

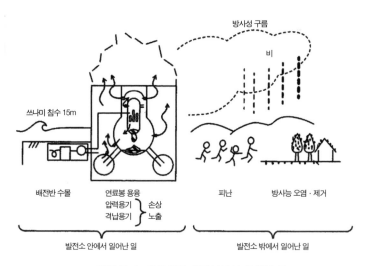

그림 5-1 후쿠시마 원전사고로 일어난 일

이번 장에서는 후쿠시마 제1원전 인근 주민이 받은 여러 가지 피해, 즉 앞으로의 피난생활이나 오염제거에 관해 생각함과 동시에, 원자력발전을 올바르게 이해하기 위해 필요한 방사성물질에 관한 기본적인 지식도 다룬다.

1 발전소 인근 주민의 피난

사전계획의 부재

이번 사고로 행해진 피난에서 가장 큰 문제점은 원자력재해가 발생했을 때 주변지역에 어떤 사태가 발생하여 어떤 것이 필요하게 되는가 하는 점이 사전에 충분히 계획되어 있지 않았던 것이다. 또 제3장에서도 말한 바와 같이, 현장의 정보를 수집해 판단해야 하고 사고시 가장 중요한 거점이 되어야 하는 오프사이트센터가 전혀 기능하지 못하였고, 그 때문에 피난지시를 내려야 할 현지 재해대책본부가 똑바로 기능하지 못한 채 피난이 이루어졌던 것이다.

정부가 내린 피난지시는 피난대상구역이 된 모든 지자체에 신속히 전달되지 못했고, 충분한 정보가 전해지지 않는 등 준비가 돼 있지 않았다. 원자력재해가 광범위하게 발생했을 때는 그 지역의 시정촌만으로는 대응하기 어려운데도 불구하고, 지진·쓰나미로 연락수단이 제한되어 각 지자체가 고립된 채로 움직일 수밖에 없는 것도 문제 중 하나이다.

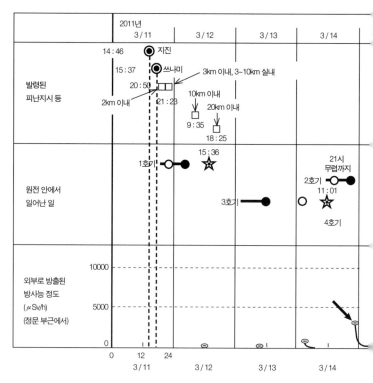

<table>
<tr><td></td><td colspan="4">2011년</td></tr>
<tr><td></td><td>3/11</td><td>3/12</td><td>3/13</td><td>3/14</td></tr>
</table>

발령된
피난지시 등

14:46 ◉ 지진
15:37 ◉ 쓰나미
20:50 ▯▯ → 3km 이내, 3~10km 실내
2km 이내 21:23
10km 이내
↓
9:35 ▯
20km 이내
↓
18:25 ▯

원전 안에서
일어난 일

15:36
1호기 ○━● ☆
3호기 ━●
○ ☆
2호기 21시 무렵까지
○━●
11:01
4호기

외부로 방출된
방사능 정도
(μSv/h)
(정문 부근에서)

10000
5000
0

0 12 24
3/11   3/12   3/13   3/14

주: 그림 안의 방사선량의 그래프는 그림 2-13과는 눈금이 다르다. 그림 2-13에서는 횡축이 대수(對數)가 되어 있기 때문에, 3월 12일에서 14일까지의 방사선량이 그 이후와 비교해서 낮은 것이 눈에 띄는데, 이 그림을 보면 3월 14일 밤 이후 방사선량이 압도적으로 높아졌다.

발전소 안에서의 사고 추이와 피난지시의 발령

주민피난이 어떻게 이루어졌는가를 정확하게 이해하기 위해서는, 원전 내부에서 일어났던 현상과 외부로 방사성물질이 새어나간 시기와 양의 변화, 그리고 정부의 원자력재해대책본부로부터 피난 등의 지시가 떨어진 시기와의 관련을 살펴봐야만 한다. 위의 그림 5-2는 그것을 그래프로 나타

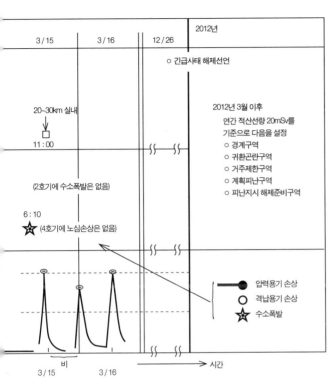

그림 5-2 피난행동과 원자력 발전소 안팎에서 일어났던 사실의 관계

낸 것이다.

원전 내부에서 일어난 사실과 피난 경위의 관계를 다음과 같이 간단히 설명한다.

3월 11일 19시 3분에 간 총리는 후쿠시마 제1원전에서 모든 교류전원이 끊어지고 비상용 노심 냉각장치에 물을 넣을 수 없는 원자력 긴급사태

선언을 발표하고 원재본부를 설치했다. 이 선언을 하고 나서 후쿠시마 현은 20시 50분에 원전에서 반경 2㎞ 권내에 있는 주민에게 피난지시를 내렸다.

원재본부는 노심손상을 피하기 위해서 증기를 배출시켜야 할 수도 있다고 생각하여 21시 23분에 예방조치로 반경 3㎞ 권내의 주민에게는 피난지시를, 3~10㎞ 권내의 주민에게는 실내대피지시를 내렸다.

그 후, 1호기의 격납용기 압력이 상승하고 있고 1, 2호기에서 증기배출이 되고 있지 않은 것 때문에 12일 5시 44분에 피난범위를 반경 10㎞로 확대한 지시가 내려졌다.

12일 15시 36분에 1호기 건물이 폭발한 직후에는 그 원인들이 확실하지 않았지만, 간 총리가 원자력안전위원장의 발언을 원자로를 재가동할 수 있

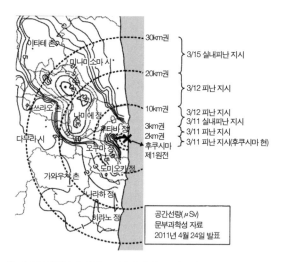

그림 5-3 3월 11일부터 3월 15일까지 후쿠시마 현과 원자력재해대책본부가
내렸던 후쿠시마 제1원전에 관한 피난지시

다라고 받아들였기 때문에 원재본부는 18시 25분에 피난지시 범위를 반경 20㎞로 더욱 확대하도록 지시를 내렸다.

그 후 각 플랜트 사태는 점점 더 심각해져 14일 11시 1분에 3호기 원자로 건물이 폭발, 15일 6시 10분에 4호기 건물이 폭발하자 15일 11시에 반경 20~30㎞ 권내의 주민에게 실내피난을 지시했다.그림 5-3

피난지시는 원래 오프사이트센터에 설치되는 현지대책본부가 결정해야 할 사항이었지만, 제3장에서 말한 바와 같이 오프사이트센터가 기능하지 않았기 때문에 총리 관저에서 결정되었다. 그 내용은 각 발전소의 원자로 냉각상태 등을 다양한 사태에 비춰 판단하고 있지만, 대상이 되는 지역의 지자체에게는 '어쨌든 피해라'라는 말만 전해질 뿐이어서, 각 지자체는 텔레비전·라디오 등에서 얻을 수 있는 이상의 정보를 얻지 못한 채, 피난방법을 결정하거나 유도해야만 했다.

정확한 정보는 얻지 못한 채 '피해라'라는 말만 들으며 피난범위가 점점 확대되어 가는 것을 보면서 두 번, 세 번 피난을 해야만 했던 주민들이 '농간을 당했다'는 의식을 갖는 것도 당연하다고 할 수 있다.

피난시 방사성물질의 누출·비산(飛散)상황

2호기에서는 수소폭발은 일어나지 않았지만, 노심이 녹고 격납용기가 손상되면서 가장 많은 방사성물질이 누출됐다고 생각된다. 발전소 밖의 환경방사선의 모니터링에서 관측된 방사선량은 3월 12일부터 14일까지는 그렇게 높진 않았지만, 14일 밤부터 15일에 걸쳐서 수치가 꽤 올라가 있었다. 이것이 바로 2호기의 노심과 격납용기가 손상된 시기와 겹친다. 15일 아침에 후쿠시마 제1원전의 정문 부근에서 관측된 방사선량은 시간당 10000μSv10mSv/h로, 이것은 10시간 동안 100mSv에 노출되는 매우 높

은 방사선량이다. 원폭 피해자들의 역학조사에서 얻은 방사선 피폭선량
과 발암 위험성 관계를 보면, 100mSv 이상이면 발암률 증가가 인정된다
고 생각한다.

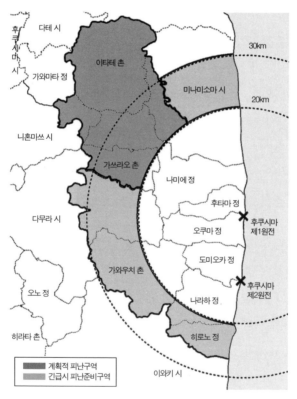

그림 5-4 계획적 피난구역, 긴급시 피난준비구역의 설정
출처: 2011년 4월 22일 원자력안전·보안원(원자력안전홍보과) 발표자료

방사성물질은 발전소를 중심으로 둥글게 넓어지는 것이 아니라, 기상상황이나 지형에 의해 불규칙한 확산 형태를 띤다. 다량의 방사성물질이 외부로 누출되었던 15일 오후에는 바람방향이 북서로 바뀌었고 비까지 내렸기 때문에 후쿠시마 제1원전에서 북서로 약 50㎞ 범위로 방사능을 잔뜩 머금은 비가 내렸다.

그러나 사고 직후의 피난은 정확한 방사성물질이 어디까지 퍼져 있는지도 모른 채 이루어졌기 때문에 발전소를 중심으로 떨어진 거리만큼 범위를 구분해서 할 수밖에 없었다.

그렇지만 그 후 조사에서 방사성물질의 농도가 짙은 지역은 후쿠시마 제1원전을 뒷꿈치에 둔 구두 밑바닥 형태의 분포를 하고, 원전이 있는 오쿠마 정, 후타바 정 외에 이타테 촌 바깥측인 약 50㎞ 떨어진 지역까지 확산되어 있던 사실이 밝혀졌다. 방사성물질의 분포상황이 확실해짐에 따라 피난구역도 그에 대응하면서 4월 22일에는 발전소에서 반경 20㎞의 범위는 '경계구역'으로 지정되어 전원이 대피하게 되었다. 그 바깥쪽에서는 후쿠시마 원전으로부터 북서쪽으로 약 50㎞ 근처까지의 구두 밑바닥 모양을 한 지역이 그 상황에 맞추어 피난해야만 하는 '계획적 피난구역'으로 지정되었다. 또한, 반경 20~30㎞의 지역에서 오염이 심하지 않은 지역은 '긴급시 피난준비구역'으로 지정되었다.그림 5-4

사고발생으로부터 약 9개월이 지난 2011년 12월 16일에 원자로가 냉온정지상태에 이르러 일단 안정되었다고 판단하였다. 12월 26일에 연간 축적선량이 20mSv 이하로 억제될 것인지를 평가축으로 '귀환곤란구역'과 '거주제한구역' '피난지시해제 준비구역' 등으로 지정하고, 다시 12년 3월 7일에 구역을 재검토하였다.그림 5-5

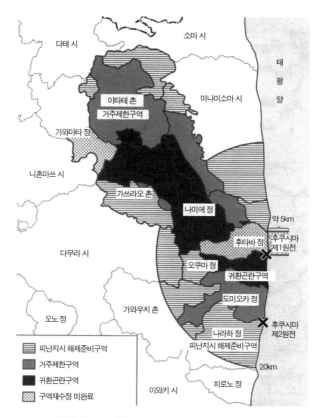

그림 5-5 피난지시구역과 경계구역의 개념도

출처: 경제산업성 홈페이지(2013년 3월 8일 현재)

날아가 흩어진 방사성물질의 실태

이 책에서는 이미 몇 번 나왔지만, 여기에서는 방사선의 정도나 양을 나타
내는 언어와 단위에 관해 간단하게 설명해 두고자 한다.

인체에 대한 영향을 나타내는 방사선 선량은 Sv시버트를 단위로 나타낸
다. 이번 사고에서 자주 듣게 되는 mSv밀리시버트는 그 1000분의 1, μSv마

이크로시버트는 그 100만분의 1이다. 특히 방사선이 건강에 미치는 영향을 생각하면 인체가 어느 정도의 선량을 받았는가 하는 방사선총량'적산선량'이라고 부른다이 중요하다. 한편, 방사선의 정도는 어느 장소에서 시간당 쐰 선량으로 나타내고, 그것을 '공간선량'이라고 부른다. 시간당 쏘이는 선량을 μ Sv/h마이크로시버트 퍼 아워, 1년간 쏘이는 선량을 mSv/y밀리시버트 퍼 이어로 나타낸다. 공간선량과 축적선량의 관계는 다음과 같다.

예를 들어 1μ Sv/h를 계속 쏘인다면 1년간 쏘이는 양은 1μ Sv/h×24시간 ×365일≒9000μ Sv/h=9mSv가 된다.

앞에서 말한 바와 같이 공간선량이 높은 지역은 구두 밑바닥 형태로 분포되어 있는데, 후쿠시마 제1원전에서 30㎞ 떨어진 나미에 촌이나 이타테 촌에도 10μ Sv/h 이상인 장소가 몇 곳 있었다2011년 4월 현재. 공간선량 10μ Sv/h는 연간 피폭량으로 환산하면 87.6mSv가 되는데, 건강에 피해를 줄 가능성이 높아지는 수치가 100mSv라는 사실을 고려하면 꽤 높은 선량이다.

문부과학성이 2012년 1월 17일에 발표했던 2011년 3월 11일에서 12년 3월 11일까지 1년간 쏘인 결과인 방사선총량을 추산한 「축적선량추정지도」에 따르면, 후쿠시마 원전에서 50㎞ 가까이 떨어진 곳에까지 20mSv의 범위가 미치고 있다. 이는현실적으로는 말도 안 되는 것이지만 만약 5년간 그 선량의 장소에 계속 살게 된다면, 방사선의 영향이 나타날 가능성이 있다고 생각되는 양이다.

원전에서 방출된 방사성물질은 바람에 실려 오는데이것을 방사성 구름이라고 함, 거기에 비가 내리면 방사성물질이 빗방울에 포함되어 땅으로 떨어진다. 그러나 비가 오지 않으면 대부분 방사성물질은 그대로 바람에 실려 멀리 날아가 점점 확산된다.

적절했던 SPEEDI에 의한 계산

SPEEDI스피디, 긴급시 신속 방사능영향 예측 네트워크 시스템는 인근 주민을 방사선의 영향에서 방호하기 위한 조치를 검토하는 데 활용할 목적으로 1986년에 문부과학성 관할의 원자력안전기술센터에서 운용되기 시작했다.

원전에서 사고가 발생해 방사성물질의 확산이 예상될 때 SPEEDI를 사용하면, 원전에서 방출된 방사성물질이 '언제' '어떤 방향으로' '어느 정도' 날아갈 것인가를 방출원의 정보, 지형과 기상상황을 계산해 구할 수 있다. 도쿄전력과 보안원이 얻은 방출원 정보가 원자력안전기술센터에 전달되어

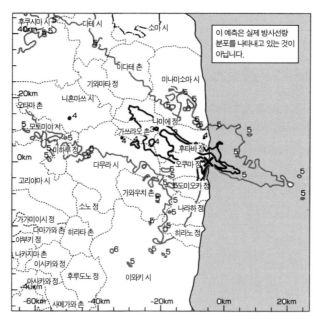

2011년 3월 15일 9:00~16일 9:00까지의 외부 피폭에 의한 실효 방사선량

그림 5-6　원자력재해대책본부 사무국(보안원)의 SPEEDI 계산 도형

계산이 되고, 그 결과가 보안원, 원자력안전위원회, 관련 도도부현이나 오프사이트센터·원자력재해대책본부 등에 제공되는 시스템이다.

실제로 1999년 (주)JCO의 임계사고시에도 그렇게 계산되었다. 또, 이번 후쿠시마 제1원전사고에도 그렇게 운용되었어야 했다.

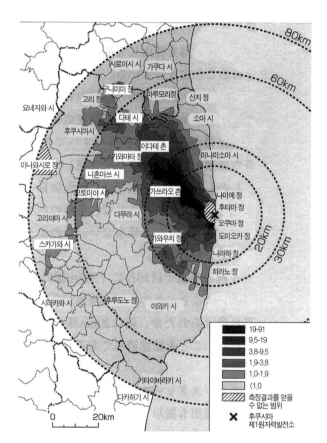

땅에서 1m 높이의 공간선량 분포, 2011년 4월 29일 수치로 환산

그림 5-7 문부과학성과 미국에너지청의 항공기 모니터링 결과

그러나 이번에는 그 계산의 기준이 되는 현지에서 나온 방출원 정보를 지진이나 쓰나미 영향으로 얻질 못해서 원래 생각했던 것과 같은 계산을 할 수가 없었다.

그림 5-6은 방출원 정보를 가정해 SPEEDI로 계산된 것으로, 방사성물질이 가장 많이 날아가 흩어졌던 2011년 3월 15일의 분포상황이다. 사고가 난지 약 2개월 후에 발표된 항공기 모니터링으로 만든 공간선량 지도그림 5-7에 의하면, 방사선량이 높은 지역은 구두 밑바닥 형태로 분포되어 있어 SPEEDI 계산이 적절했던 것을 알 수 있다.

그러나 이번 사고의 경우, 방사성물질이 날아간 방향은 이미 계산되어 있었음에도 불구하고, 방사선 방출원의 정보를 얻을 수 없었다는 이유로 날아간 방향의 예측이 피난주민에게 전달되지 못하고, 주민은 방사성물질이 어디에서, 어느 정도 날라오는지 모른 채 피난한 것이다.

요오드제 배포와 복용 지시

'요오드제'라는 것은 방사성을 함유하고 있는 요소를 주성분으로 하는 약제로, 내부 피폭에 앞서 이것을 복용하면 방사성 요소가 체내에 들어와도 갑상선에 축적되는 것을 방지할 수 있어 갑상선장애를 방지하기 위해 사용되는 것이다.

요오드제의 복용지시는 정부의 원자력안전위원회가 현지대책본부 의료반에게 지시를 해서 긴급사태대응방침 결정회의가 예방복용안을 결정하여 정부의 원자력재해대책본부에 보고하였다. 이 본부의 결정을 받아 현지대책본부를 거쳐 도도부현 지사에게로, 지사는 주민에게로 차례대로 전달하도록 되어 있다.

후쿠시마 제1·제2원전 주변의 6개 기초지자체에서는 후쿠시마 현 긴급

피폭의료활동 매뉴얼에 근거하여 요오드제를 비축하고 있었다. 그리고 현은 3월 14일에 원전에서 약 50㎞ 권내 모든 지자체의 40세 미만 주민에게 요오드제를 배포하기로 결정해 20일까지 배포를 마쳤다.

그러나 방사성물질이 3월 15일 무렵에 가장 많이 확산되었던 것을 생각한다면, 예방을 위해 약제가 필요한 시기가 지난 뒤 배포한 이번 사고에서는 아무런 의미도 없는 조치였다. 일의 순서를 지키지 않는 것이 얼마나 부질없는지를 알 수 있다.

이번 사고에서는 현지대책본부가 16일에 '20㎞ 권내에서의 피난시에 요오드제를 투여할 것'이라는 지시를 현과 12개의 관계 시정촌장에게 내렸지만, 현은 20㎞ 권내는 이미 피난을 마친 상태였기 때문에 대상자가 없는 것으로 확인됐다는 이유로 복용지시를 내리지 않았다.

또, 집단검진으로 가려진 일정 피폭량을 넘어선 사람에게는 요오드제를 복용하도록 지시해야 한다는 3월 13일 원자력안전위원회의 의견이 현지대책본부에는 전달되지 않았다.

한편, 후쿠시마 제1원전 주변의 몇몇 시정촌은 스스로 판단하여 주민에게 요오드제를 배포했다. 예를 들면 제3장에서 서술한 바와 같이, 미하루 정은 3월 14일 도호쿠전력 오나가와 원전의 방사선량이 상승했고 15일 기상예보에서 주민의 피폭이 예상되었기 때문에 요오드제의 배포·복용지시를 결정했다. 미하루 정이 복용지시를 내린 것을 알게 된 후쿠시마 현 직원은 정부가 지시하지 않았다는 이유로 배포를 중지하고 회수할 것을 지시 내렸지만, 미하루 정은 이를 따르지 않았다.

이렇게 형식에 집착한 부적절한 지시가 내려진 것은 나중에 서술하겠지만, 지시가 무엇을 위해 이루어져야 하는지를 이해하지 못하는 사람들에 의해 조직이 운영되고 있었기 때문이라고 생각된다.

피난이 적절히 이루어지지 않았던 사례

제3장에서 다루었던 피난에 따른 후타바병원의 비극은 피난계획이 준비되지 않았기 때문에 일어났다. 여기서는 다른 예로서 3월 15일의 미나미소마 시의 예를 들고자 한다.

15일에 대량의 방사성물질이 외부로 누출되었을 때, 우선 11시에 반쯤 20~30km 권내의 실내피난지시가 내려졌다. 이 지시를 받아서 미나미소마 시에서는 이 권내의 주민 중 희망자를 받아 시외로 피난을 유도했다. 미나미소마 시에서 외부로 가는 길목은 세 가지가 있는데, 남쪽은 후쿠시마 제1원전 근처를 통과하지 않으면 안 되고, 또 북쪽은 해안 부근이라서 지진·쓰나미로 인한 피해가 클 것으로 생각되었다. 그 결과, 대부분의 주민은 후쿠시마 제1원전에서 북서방향으로 뻗어 있는 114번 국도도미오카 가도를 지나서 이타테·가와마타 방면으로 피난하기로 하였다.그림 5-8

그러나 당시 바람이 북서방향으로 불고 비까지 내린 후쿠시마 제1원전에서 북서 20~30km의 지역은 다른 지역보다 농도가 높은 방사성물질이 내렸다. 이를 모르던 주민의 피난방향은 제일 농도가 높은 방사성물질이 내렸던 지역과 일치했다.

이렇게 방사성물질이 흩어지게 된 상황은 SPEEDI정보를 공개했다면 알았을 일이었다. 그리고 주민들은 피난방향이 적당한지 아닌지, 지금 피난해야 하는지 여부를 판단할 수 있었다. 그러나 이 정보가 전혀 공개되지 않고 위험하다는 사실만 전달되었기 때문에, 미나미소마 시 주민은 건물 안이 아니라 밖으로 도망가는 것을 선택했다. 이때 건물 안으로 피했더라면, 방사선 영향은 적었을 것임에 틀림없다. 또 SPEEDI정보가 있다면 적절한 방향으로 도망칠 수 있었을 것이다. 나중에 주민들이 이것을 알고 매우 분개한 것은 당연하다.

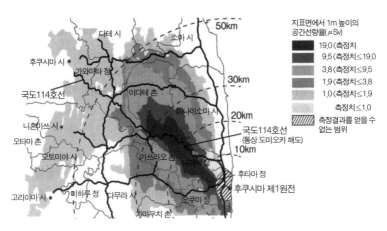

공간선율은 그림 5-6에 의한 것

그림 5-8 피난한 주민이 지나간 경로와 공간선량

지자체별 피난처

원자력재해에 대비해 미리 피난계획이 정리되어 있지 않았다는 조건 아래서 상세한 정보도 없이 피난지시가 내려져 각 시정촌은 스스로 판단하여 행동해야만 했다.

사고 후 후쿠시마 제1원전 바로 위 북쪽인 후타바 정과 바로 남쪽의 오쿠마 정이 우선 피난을 해야 했다. 피난처를 정하지 못한 채, '어쨌든 도망쳐라'라는 지시였기 때문에 정부가 준비했던 버스를 사용할 수 있었던 지역도 있었지만, 주로 각 지자체가 주민의 이동수단을 확보하여 원전에서 먼 방향으로 피난했다.

그 후, 피난지시 범위가 확대되면서 피난장소를 옮겨야만 했던 지역도 많았다. 후타바 정은 피난소를 전전하며 마지막으로 마을주민 대부분이 간토 지방의 사이타마 현 가조 시까지 피난했다. 또 오쿠마 정도 많은 시정촌을 통과하여 아주 먼 서쪽의 아이즈와카마쓰 시까지 피난했다.

경계구역 안이라 피난민이 꽤 많았던 나미에 정은 니혼마쓰 시로, 또 도미오카 정은 고리야마 시 등으로 피난했다. 그리고 원전에 가까웠던 미나미소마 시는 앞에서 말한 바와 같이, 결과적으로 방사선량이 높은 지역을 통과해 피난할 수밖에 없었다.

그림 5-9는 원래부터 살던 거주지와 피난처를 나타낸 것이다. 이 그림을 보면, 원래 거주지와 최종 피난장소와의 관계가 매우 흩어져 있을 뿐 아니라, 피난자가 원래 생활지에서 아주 멀리 떨어진 곳까지 피난장소를 구해 이동해야만 했던 상황을 알 수 있다. 여기에서도 사전에 피난계획이 충분히 수립되지 않았던 것을 잘 알 수 있다.

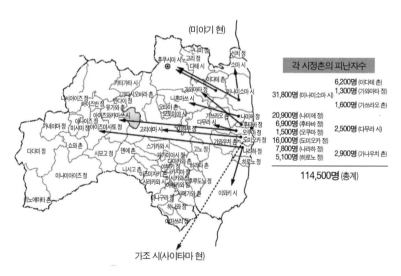

그림 5-9 후쿠시마 원전사고 당시 후쿠시마 현내 각 시정촌의 주요 피난처

② 방사능에 대한 올바른 이해의 필요성

'방사능' '방사성물질' '방사선'

우선 일본에서는 자주 '방사능'과 '방사성물질' 그리고 '방사선'이 혼동되어 사용되고 있지만, 각각의 의미가 다르기 때문에 구별해서 사용해야 한다. 원래 '방사능'이라는 것은 원자핵이 붕괴되어 방사선을 내놓는 능력을 말한다. 그리고 '방사성물질'이란 방사능을 띠는 물질을 말한다.

일본에서는 '방사능'이라고 하면 원자폭탄을 떠올려 사람에게 해를 입히는 것으로 생각해 기피하기만 할 뿐이었다. 방사선은 인간에게 해를 입히는 것 말고도, X선을 의학분야에서 이용하는 것처럼 사람들에게 이익도 주고 있지만, 지금까지는 방사선이 이점과 위험을 함께 갖고 있다는 사실을 올바로 알려는 노력도, 알리려는 노력도 충분하지 않았다. 원전 인근 주민은 물론 국민 모두가 필요로 하는 지식을 충분히 갖지 못한 가운데 이번 사고가 일어나 그 위험에 맞닥뜨리지 않으면 안 되었던 것이다.

이미지 피해

원자력발전소에서 중대사고가 일어나면 방사성물질이 외부로 누출될 가능성이 있다. 그 방사성물질이 인체나 환경 등에 어떤 영향을 가져오는지를 올바르게 이해하고 있지 않기 때문에 외부의 다양한 정보에 휘둘리는 등 사람들이 과잉반응을 하고 있는 것으로 생각된다. 이 과도한 반응이 피해를 더욱 키우고 있다고 생각된다. 더욱이 개개인이 그러한 상황에 놓여졌을 뿐 아니라, 집단 전체가 방사능을 기피하는 분위기에 휩싸였다. 소위 방사능기피의 '집단감염'이 일어났다고 할 수 있다.

이러한 상황에서는 많은 사람이 불확실하고 잘못된 이해에 근거하여 판단, 행동하게 된다. 그 결과, 원래는 관계가 없어야 할 개인이나 단체가 피해를 입는 경우도 일어난다. 이것이 '이미지 피해'이다. 우선, 이미지 피해는 식품에 대해 일어났다. 많은 사람이 후쿠시마 현이나 도호쿠 지역에서 생산된 농작물이나 수산물은 방사성물질에 오염되었다고 생각해, 검사를 통해 안전이 확인되어 출하된 것이라고 해도 구입하거나 섭취하기를 피했다. 그것이 자신의 몸을 지키는 것이라고 생각했기 때문이다.

또, 이미지 피해는 쓰나미로 인해 생긴 쓰레기를 다른 지역에서 받아주지 않는 형태로 나타났다. 게다가, 1999년 (주)JCO 임계사고시에도 일어났던 이미지 피해인데, 원전사고로 피난했던 사람들과 접촉하면 '방사능이 전염된다'고 생각하는 사람까지 나타났다. 이처럼 많은 사람이 잘못된 지식에 휘둘리어 일어난 이미지 피해는 실제 피해를 확대한 요소 중 하나라고 생각할 수 있다.

이렇게 잘못된 지식에 의한 이미지 피해를 막기 위해서도 방사성물질에 관해 정확하게 알 필요가 있다. 그중에서도 원자로사고에서 방출된 여러 가지 방사성물질을 이해하는 것이 중요하다.

반감기

방사성물질을 생각할 때 '반감기半減期'에 대해 알아야 한다. 방사성물질은 시간이 흐름에 따라서 붕괴*해서 방사선을 띠지 않는 물질로 변한다. 반감기라는 것은 방사성물질이 붕괴해서 방출하는 방사선량이 최초의 절반이 되기까지의 시간을 말한다. 방사성물질의 종류마다 반감기는 다르다. 가령

---

*   원자핵이 방사선을 방출해서 다른 원자핵으로 변하는 것

플루토늄은 원자량이 크고 녹는 성질이 거의 없는 물질이지만, 반감기는 약 2만 년으로 매우 길고 반영구적으로 방사선을 계속 방출한다.

그러나 이번 원전사고에서 외부로 흩날려 문제가 되었던 것은 주로 반감기가 약 8일인 요소131과 약 2년인 세슘134, 30년인 세슘137 이렇게 3가지이다. 이 중에 이번 사고에서 방출된 양과 성질, 그 영향의 크기를 생각해 주로 요소131과 세슘137에 관해 후술한다.

③ 방사선이 인체에 미치는 영향

인간을 둘러싼 위험인자

인간은 건강을 해치는 다양한 인자에 둘러싸여 살고 있다그림5-10ⓐ. 인간의 건강을 해치는 위험인자로는 담배, 술, 기타 생활습관, 사회적 스트레스 등 다양하게 존재하는데, 거기에 방사선을 더할 수 있다. 이번 후쿠시마 원전사고에서 문제가 된 것은 이 방사선이 건강에 미치는 영향이다. 그래서 여기에서는 방사선과 인간의 건강관계에 관한 기본적 지식과 이번 사고로 인한 방사선의 영향을 생각해본다.

우선, 인간의 건강에 영향을 주는 방사선은 2가지로 나누어 생각해야 한다. 하나는 인간의 활동과 관계없이 자연계에 원래부터 존재하고 있는 방사성물질에서 나오는 방사선으로, 이를 '자연방사선'이라고 부른다. 다른 하나는 사고나 원자폭탄 등에 의한 방사성물질에서 나오는 '인공방사선'이다.

자연방사선은 우주로부터 내려오는 우주선방사선이나 대지암반이나 암석에

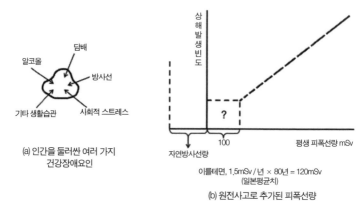

(a) 인간을 둘러싼 여러 가지
건강장애요인

상해발생빈도

?

100

자연방사선량

평생 피폭선량 mSv

이를테면, 1.5mSv / 년 × 80년 = 120mSv
(일본평균치)

(b) 원전사고로 추가된 피폭선량

그림 5-10 방사선이 인간의 건강에 미치는 영향

포함된 물질에서 나오는 방사선 등 체외로부터의 피폭외부 피폭을 가져오는 것과 대기나 음식물에 포함된 방사성물질을 호흡이나 음식을 통해 체내로 섭취하여 받는 '내부 피폭'을 가져다 주는 것이 있다. 인간은 언제나 자연방사선을 쐬고 있고 이 영향을 피할 수는 없다.

자연방사선량은 장소에 따라 다르다. 예를 들면, 일본의 자연방사선에 의한 평균 피폭선량은 연간 약 1.5mSv이다. 또 같은 일본 국내라도 서일본의 평균은 동일본의 1.5배가 된다그림 5-11. 한편, 세계 평균은 연간 2.4mSv로 좀 더 높다.

자연방사선의 적산선량은 일본의 경우, 일생을 80년이라고 하면 1.5mSv ×80년으로 120mSv가 되지만, 이 자연방사선이 건강에 미치는 영향은 확실치 않다. 적어도 일본에서는 지역에 따른 차이에 의미가 있어 보이지는 않는다.외부 피폭과 내부 피폭에 관해서는 후술

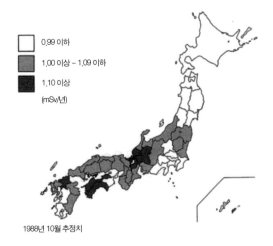

0.99 이하

1.00 이상 ~ 1.09 이하

1.10 이상

(mSv/년)

1988년 10월 추정치

그림 5-11 일본에서의 자연방사선으로 인한 연간 피폭선량

출처: 고에너지가속기연구기구 방사선과학센터, 2005년 3월 발행

이번 사고로 문제가 된 것은 사고로 누출된 방사성물질로 인한 피폭의 영향에 관해서이다. 사고로 생긴 방사선이 지역에 원래 있던 자연방사선을 넘어섰다고 생각해야만 한다.

사고로 생긴 방사선이 건강에 미치는 영향

사고로 생긴 방사선의 영향을 생각할 때, 시간당 쏘이는 방사선량을 나타내는 μSv/y나 μSv/h 혹은 mSv/h로 생각할 경우와 사람 한 명이 쏘인 방사선의 총량적산총량(積算総量)이라고 부른다을 생각하는 경우, 2가지가 있다. 그리고 매우 짧은 시간에 높은 방사선량에 노출된 경우의 총량도, 낮은 양의 방사선에 장기간 노출된 경우의 총량도, 모두 '적산총량'이라는 말로 나타내기 때문에 주의할 필요가 있다. 단, 같은 적산총량이라고 해도 그것을

제5장 / 왜 피해가 확대되었을까   **183**

일순간에 쏘였을 때와 한평생이라는 긴 시간에 걸쳐서 쏘였을 때 건강에 미치는 영향은 완전히 다르다.

이번 사고로 매우 짧은 시간에 다량의 방사선에 노출되어서 일어나는 방사선장애 증상이 나온 사람은 원전 안에서 작업하던 사람이나 일반 주민 중에도 없었다. 문제가 되는 것은 주로 낮은 양의 방사선에 장기간 노출된 저선량 피폭이다. 인간의 경우, 장기간에 걸쳐서 저선량에 노출된 적산총량이 100mSv 이상이 되면 발암 위험성이 증가하는 것으로 밝혀졌다. 그림 5-10(b)

그러나 100mSv 이하인 경우, 피폭량과 건강피해와의 관계가 명확하지는 않다. 이는 인간의 건강에 영향을 미치는 방사선 이외의 다양한 위험인자의 영향에 방사선의 영향이 묻혀버리기 때문이다.

100mSv 이하의 적산총량에서도 건강에 미치는 영향이 있을 가능성을 부정할 수 없기 때문에 피폭선량은 적으면 적을수록 좋다는 사고방식도 있다. 그것이 쉽게 실현될 수 있으면 좋지만, 거꾸로 피폭에 대해 너무 예민해져서 발생할 수 있는 정신적 스트레스나 그 외의 위험성 인자가 증가하는 쪽이 건강에 큰 영향을 미칠지도 모른다.

방사선과 인간의 관계를 생각할 때 인간은 항상 자연방사선에 노출되어 있다는 것, 저선량 피폭에서는 건강에 해를 미치는 위험인자가 방사선만이 아니라는 사실을 전제로 생각하지 않으면 올바른 판단을 할 수 없다.

방사선에 의한 신체적·정신적 영향

인체가 받는 방사선의 피폭 경로는 2가지로 나눌 수 있다. 하나는 인체 외부에 있는 방사성물질에서 나오는 방사선의 영향으로 이를 '외부 피폭'이라고 한다. 다른 하나는 호흡이나 음식을 통해 인체 내부로 들어온 방사성물질에 의한 피폭이 있는데 이를 '내부 피폭'이라고 한다. 육체적인 영향은 외부 피폭과 내부 피폭 모두에 의해서도 발생되는데, 주로 DNA가 손상되거나 암이 발생하는 형태로 나타난다.

한편, 방사선이 인체에 미치는 영향을 생각할 때 잊어선 안 될 것이 신체에 미치는 직접적인 영향뿐만 아니라, 마음에 미치는 영향을 생각해야만 한다. 정신에 미치는 전형적인 영향이 발암 등 인체에 미치는 위험성에 대한 공포일 것이다.

결국, 그 공포가 방사성물질을 기피하려 하는 판단이나 행동의 원인이 되어 사회 전체를 뒤흔드는 이미지 피해가 일어나기도 하고, 피난이나 오염제거가 적절히 이루어지지 않는 등의 영향을 미치게 된다. 정신적 영향을 최소화하기 위해서는 평소부터 방사선으로 인해 건강에 미치는 영향을 올바르게 이해할 필요가 있다.

더욱이 원전사고 피해지의 주민이 안심하고 생활하기 위해서는 주민 한 사람 한 사람의 건강생태를 파악하고 적절히 대응해야만 한다. 그러기 위해서는 장기간에 걸쳐서 건강조사를 계속해야 한다. 게다가 거기서 수집된 데이터는 인간과 방사선의 관계를 알기 위한 귀중한 자료인 동시에, 거기서 얻어진 지식은 원자력과 인간의 관계를 생각할 때 기초가 되는 것들이다.

내부 피폭

호흡·음식물·피부를 통해 인간의 체내에 들어온 방사성물질에 노출된 내부 피폭은 인체 내에서 붕괴되어 방사선을 방출해 세포나 DNA에 장애를 미친다. 체내에 들어온 방사성물질은 일정 시간이 지나면 체외로 배출되어 감소한다.

이번 사고에서는 다량의 방사성 요소가 원자로 외부로 누출되었다. 방사성 요소는 기체로 변해 대기 중으로 광범위하게 퍼지기 쉬운데다 호흡이나 음식으로 체내로 흡수된다. 체내에 흡수된 요소는 갑상선에 축적되어 내부 피폭의 원인이 된다. 특히 갑상선이 만들어지는 과정에 있는 영유아나 갑상선 기능이 활발한 젊은이들에게는 갑상선에 쉽게 쌓여 갑상선장애를 일으키기 쉽다.

그러나 갑상선 내의 요소를 비방사성 요소로 채워두면, 이후 요소의 흡수에 지장이 있어 나중에 들어온 초과된 요소는 재빨리 소변으로 배출되는 성질이 있다. 방사성 요소가 갑상선에 축적되는 것을 줄이는 예방법으로 비방사성 요소인 '요오드제'를 피폭 전에 복용하는 것도 이 때문이다. 체내에 흡수된 요소는 극히 단시간에 갑상선에 흡수되기 때문에 피폭 전에 요오드제를 복용해 둘 필요가 있다. 또 평소에 해조류를 섭취해 요소를 체내에 충분히 흡수하고 있으면, 방사성 요소가 갑상선에 흡수되기 어렵다고 알려져 있다.

이번 사고에서는 요소 피폭의 위험성이 널리 알려져 있지만, 실제로 어느 정도의 양이 누출되어, 어떻게 분포되어 있는지에 관해서는 충분히 조사되어 있지 않다. 그것은 요소131의 반감기가 8일로 짧아 사고로부터 시간이 지나버리면 사고시에 얼마나 흩어져 있었던가를 측정하기가 어렵기 때문이다. 그 때문에 요소의 분포에 관해서는 사고 직후에 측정된 피폭량이나 반감기가 긴 다른 방사성물질의 관측 데이터에서 그 방출량이나 분포 상황을 추정하는 방법밖에 없다고 생각된다.

한편 세슘은 수용성으로, 체내에 들어오면 몸 안에서 나누어져 주로 근육조직에 축적되어 내부 피폭을 일으킨다. 생체 내에서의 생물학적 반감기몸에서 배출되어 방사능이 반으로 줄어드는 데 걸리는 기간는 평균 70일이다. 세슘이 체내에 쌓이지 않게 하기 위한 요오드제 같은 것은 현재 존재하지 않기 때문에, 음식 섭취로 세슘을 체내에 흡수하지 않도록 하는 수밖에 없다. 이 점이 후쿠시마 현의 농산물을 기피하는 소위 이미지 피해 요인의 하나가 되고 있다.

외부 피폭

인간은 지구에 내리쬐는 우주선이나 자연환경에 포함된 방사성물질로부터 방사선 등의 자연방사선을 항상 쐬고 있다.

사고로 인해 방사성물질이 날아가 흩어진 지역에서는 사고 전부터 있던 자연방사선 1.5mSv/y에 원전사고분이 더해졌다. 예를 들면, 사고로 방사선이 20mSv/y가 추가된다면 인체가 받는 총량은 21.5mSv/y이 되어, 이 지역 주민은 원래 자연방사선의 14배 이상의 방사선을 쐬는 꼴이다. 또 원래가 1.5mSv/y인 곳에 1mSv/y의 원전 방사능의 영향이 더해졌다면 합계 2.5mSv/y이 된다. 2.5mSv/y라는 수치는 세계 평균의 연방사선과 거의 같다고 볼 수 있기 때문에 오염을 제거하여 추가분을 1mSv/y로 낮추려는 노력은 그 나름의 의미가 있는 것이다.

또 학교시설 이용을 검토할 때, 3.8μ Sv/h라는 숫자가 매우 강하게 의식되었다. 건물 밖에서 3.8μ Sv/h라고 한다면 목조건물 안의 공간선량실효선량은 건물 밖의 약 0.4배가 되기 때문에 하루 8시간 실외에서, 그 외에는 목조건물 안에 있는 상황에서는 하루당 54.72μ Sv/h, 연간 20mSv가 된다. 학교 교정 등을 사용할 수 있는지 여부를 판단할 때 3.8μ Sv/h를 기준으로 한 것도 이 때문이다.

외부 피폭을 생각할 때 특히 주목해야 하는 것은 사고에서 방출된 방사성물질 중에서도 반감기가 30년으로 긴 세슘137이다. 요소131은 반감기가 8일, 세슘134는 2년으로 비교적 짧기 때문에 환경 안에서 요소131이나 세슘134의 영향이 장기간 지속되는 경우는 없다. 그러나 세슘137은 반감기가 30년으로 길기 때문에 일단 환경 안으로 방출되면 그 영향이 매우 오래 지속되고, 오염된 토지에는 장기간 살 수도, 사용할 수도 없게 된다고 생각된다. 오염제거에서 주로 세슘137이 문제가 되는 것이 바로 이 때문이다.

그러나 방사선은 어디까지나 건강에 해를 입히는 많은 요인 중의 하나이다. 1mSv/y를 실현하는 것이 어려운 경우, 거기에만 사로잡혀서 인체에 악영향을 미치는 것을 전체적으로 생각하지 못하고 방사선 영향만을 과대평가하면 판단을 잘못하게 된다.

4 일어난 현상을 이해한다

방사성물질의 비산은 수소폭발에 의한 것이 아니다

사실을 올바르게 이해하기 위해서는 전체 그림을 파악함과 동시에, 전체를 구성하는 요소 하나하나를 상세하게 이해할 필요가 있다. 다른 말로 하면, 전체상을 파악해 매크로 메커니즘을 생각함과 동시에 마이크로 메커니즘을 생각해야만 한다. 세상에서 늘 일어나는 많은 사고에 대한 설명이나 해설에서는 이 매크로와 마이크로의 양쪽을 잘라 눈에 보기 좋은 쪽이나 일반적으로 이해하기 쉬운 것만을 택하는 경우가 많다. 그 결과, 대부분의 사람들은 얻어진 부분적인 정보만으로 일어난 현상을 자기 나름대로 이해하려고 한다. 그 때문에 대부분의 경우 전체상을 올바르게 파악하기가 어렵게 된다.

후쿠시마 원전사고에서 방사성물질의 비산에 관해서도 대부분의 사람들이 잘못 이해하고 있다. 그것은 '수소폭발에 의해 방사성물질이 날아가 흩어져 땅으로 내렸다'라고 이해하고 있다. 확실히 수소폭발의 영상은 충격적이었다.

그러나 사실은 수소폭발로 방사성물질이 흩날린 것이 아니라, 노심이 녹아내리면서 온도와 압력이 높아져 격납용기가 손상돼 여닫는 기능을 잃어버려 방사성물질이 외부로 누출된 것이다.

제2장에서 상술한 바와 같이 이번 사고에서 가장 많은 방사성물질이 새어나갔다고 보는 2호기에서는 수소폭발이 일어나지 않았다. 외부 방사선량이 가장 높아졌다고 생각된 때가 2호기의 노심과 격납용기가 손상되어 방사성물질이 외부로 확산된 시기이다.

그렇다면 격납용기에서 어떻게 방사성물질이 외부로 누출된 것일까? 휘발성 물질이나 극히 가벼운 물질은 공기 중으로 흩날렸다. 그리고 수용성인 것은 내부에서 물에 녹아 격납용기를 통해 지하수가 되어 흘러나갔다. 지금은 땅속 지수벽*에 가두어 놓았지만, 사고 당시에는 바다로 유출되고 있었다. 다만 물에 녹지 않는 무거운 물질은 격납용기 안에 남아 있었을 것이다. 말하자면, 외부로 누출된 것은 가볍고 흩날리기 쉬운 것이든지 물에 녹기 쉬운 것이고, 무거운 것은 격납용기 안에 남아 있다고 생각된다.

달라붙어 버린 방사성물질

원자로에서 누출된 방사성물질은 눈에 보이지 않는 구름같이 '방사능 구름'으로 공중에 떠다니는데, 바람에 실려 흘러다니다 흩어진다. 그리고 시간이 지나면서 조금씩 조금씩 지상으로 내려와 땅바닥이나 나뭇잎에 떨

---

* 止水壁: 물이 스며들지 않도록 방수장치를 한 벽

어진다.

한편, 방사능 구름이 통과할 때 비가 내리면, 방사성물질의 집단'클러스터'라고 불러야 할 것과 물의 집단'빗방울'이라고 불러야 하는 것이 우연히 만나 방사성물질이 들어 있는 빗방울이 되어 땅으로 내려와 흙 입자나 나뭇잎의 표면에 들러붙는다. 방사성물질을 포함한 비가 내려 심하게 오염된 지점을 '핫스팟'이라고 부른다. 필자가 생각하는 모델이 그림 5-12이다.

핫스팟의 하나인 이타테 촌에서 주민들의 이야기를 듣고, 그들이 무엇을 느끼고 생각했는지를 그린 것이 그림 5-13이다. '마을의 남동쪽 산 너머에서 눈에 보이지 않는 방사능 구름이 몰려와 비에 섞인 '방사능'이 밭, 논, 주택, 숲에 내려 딱 달라붙어서 떨어지지 않게 돼 버렸다'고 이해한다.

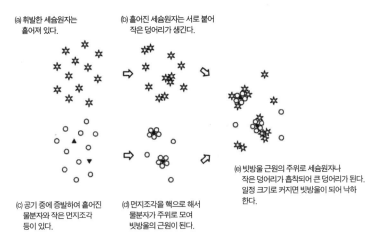

(a) 휘발한 세슘원자는 흩어져 있다.

(b) 흩어진 세슘원자는 서로 붙어 작은 덩어리가 생긴다.

(c) 공기 중에 증발하여 흩어진 물분자와 작은 먼지조각 등이 있다.

(d) 먼지조각을 핵으로 해서 물분자가 주위로 모여 빗방울의 근원이 된다.

(e) 빗방울 근원의 주위로 세슘원자나 작은 덩어리가 흡착되어 큰 덩어리가 된다. 일정 크기로 커지면 빗방울이 되어 낙하한다.

그림 5-12 휘발한 세슘이 빗방울이 되어 낙하하는 매크로 매커니즘

내렸던 방사성물질의 일부는 빗물이 되어 흘러가 버렸다고 생각된다. 지붕의 빗물받이나 땅바닥의 수로 등 빗물통로가 일반 지면보다도 방사선량이 높은 것으로 관측된 것은 그 때문이다. 한편, 흘러가지 않고 땅의 흙 입자나 수목의 잎, 지붕의 기와 등 표면에 들어붙은 것은 수분이 증발해 없어져도 계속 남아 있다. 분자 크기로 붙어 버린 방사성물질은 문지르거나 물로 씻어 떨어뜨릴 수는 없다. 그 메커니즘을 나타낸 것이 그림 5-14이다.

이러한 메커니즘으로 땅의 다양한 것에 달라붙은 방사성물질은 화학적인 작용으로 방사능을 제거할 수는 없다. 그것이 오염제거의 어려움으로 연결된다.

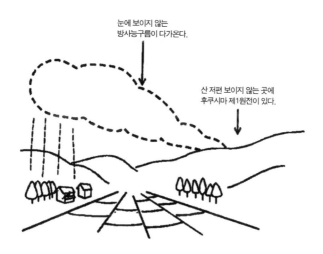

그림 5-13 이타테 촌의 히소 지구에 몰려온 방사능 구름
(현지에서의 설문조사를 바탕으로 논밭마을을 상상한 그림)

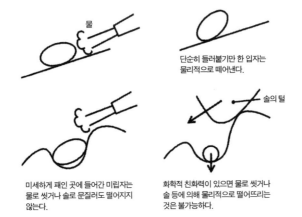

물

단순히 들러붙기만 한 입자는
물리적으로 떼어낸다.

미세하게 패인 곳에 들어간 미립자는
물로 씻거나 솔로 문질러도 떨어지지
않는다.

솔의 털

화학적 친화력이 있으면 물로 씻거나
솔 등에 의해 물리적으로 떨어뜨리는
것은 불가능하다.

그림 5-14 분자 차원의 미세한 입자는 물리적인 방법만으로는 제거할 수 없다

5 **왜 피해가 확대됐을까?**

원자력발전소의 대규모 사고는 발전소 내의 설비가 심각한 상황이 되기 때문만이 아니라, 누출된 방사성물질로 인해 광범위한 지역 주민의 육체적·정신적 건강과 환경이나 지역사회에 중대한 영향을 미친다. 원전사고로 입은 피해의 전체상을 올바르게 이해하지 못하고, 피해를 줄이기 위한 준비가 충분하지 않았기 때문에 이번과 같이 피해가 커졌던 것이다.

사업자, 행정, 지자체와 주민, 어느 누구도 이를 주의 깊게 보지 않은 채 원전을 설치·운용하고 원전 주변 지역에서 생활하고 있었다. 만약 이해와 준비가 충분했다면, 전혀 다르게 대처했을 것이고 이 정도로 큰 피해 없이 끝날 일이었다.

원래 원전사고의 일차적 책임은 사업자에게 있다. 그러나 사업자는 원전에 요구되는 여러 가지 규제나 기준에 맞추는 것만을 생각할 뿐, 자신들이 원전의 안전에 일차적인 책임을 갖고 있다는 것을 의식해서 피해확대 방지책에 관해 진지하게 검토해 왔다고는 절대 보이지 않는다.

또 정부나 지자체도 사고가 일어난 것을 전제로 한 피해확대 방지책을 준비해서 실행했다고는 전혀 생각되지 않는다. 원전의 이익을 누리는 만큼, 사고가 일어나지 않도록 노력하는 것뿐만 아니라, 사고가 일어날 것을 대비해 진지하게 대응을 준비하고 실행했어야 했다.

한편, 주민은 단순히 피해자로만 다뤄지는 경우가 많은데, 그것만으로는 불충분하다. 원전 주변에 거주하는 만큼, 스스로 피해를 최소화하기 위해 적어도 사업자에게 사고의 방지책만이 아니라 사고시의 대응책을 준비하도록 요구해야 하고, 책임지고 알아서 대피하는 것까지 염두에 두었어야만 했다고 생각된다. 원자력은 안전하다고 하는 '안전신화'에 현혹되어 사업자나 행정에서 하는 말을 있는 그대로 받아들이지 말고, 사고가 일어날 수 있다고 보고 대응을 마련해 두었어야 했다고 생각된다.

이번 사고에서는 방사성물질이 외부로 비산되는 것을 예상하고 있지 않았기 때문에 대응책이 세워져 있지 않았고, 이를 실행하기 위해 필요한 준비도 충분하지 않았다. 또 그러한 대응책을 계획한다면 주민이 원전의 위험을 의식하게 되고 사업하기 힘들어진다는 이유로, 주민들에게 충분한 지식을 알리지도 않았다.

또, 피난훈련은 하고 있었지만, 완전히 형식적이었기에 실제 사고가 일어나면 아무 의미도 없는 훈련에 지나지 않았던 것이다. 사업자와 정부는 스스로의 책임을 다하지 않았다고 말하지 않을 수 없다.

실제로 방사성물질이 발전소 외부로 확산될 것이 예상되는 사태가 됐을 때 지자체에 내려온 피난지시는 단지 '피해라'라는 것뿐으로, 건물 안이 안전한가, 피난을 가야 하는가, 또 피난간다면 언제, 어디로, 어떻게 해야 하는지와 같은 구체적인 지시는 전혀 없었다. 또 지자체가 그것을 판단하기 위해 필요한 방사성물질의 비산 상황에 관한 정보도 전혀 나오지 않았다.

방사성물질은 눈에 보이지 않고 냄새도 없어 그것이 존재하고 있다는 것을 인간의 오감으로 느낄 수가 없다. 그 때문에 적절한 정보가 없으면 스스로는 아무 것도 판단할 수가 없다. 필요한 정보 없이 16만 명의 주민이 거주지에서 갑자기 떠나게 된지 약 2년이 지난 2013년 3월 현재까지도 거의 돌아갈 수 없는 상태가 계속되고 있다.

또 인근 주민만이 아니라, 국민 모두가 원자력발전이나 방사능을 올바르게 이해하지 않고 있었기 때문에 방사성물질을 필요 이상으로 두려워해 불필요한 이미지 피해를 가져와 피해를 확대시켰다. 원자력발전이나 방사성물질에 관한 교육을 초등학교·중학교의 의무교육으로 실시해, 국민이 올바르게 판단할 수 있도록 할 필요가 있다. 중요한 것은 방사성물질이 가져오는 불이익을 다른 불이익과 비교하여 전체적으로 피해를 최소화한다는 생각을 갖는 것이다.

원자력발전이나 방사성물질에 관해 올바른 지식을 가지고, 원전이 편리함과 위험함의 양면을 함께 갖고 있다는 사실을 의식해 사고가 일어났을 때 피해의 전체상을 파악해 충분히 준비해 둔다면, 현재와 같은 그때그때의 임기응변적인 대응이 아니라, 좀더 적절히 대응할 수 있었을 것이다.

⑥ 피난이 가져온 것

원전사고로 인해 강제로 피난을 해야만 했던 지역에서는 자신의 생활과 가족이 무너지고, 직장이 붕괴되고, 지역사회가 파괴되고, 결국 사람의 마음까지도 붕괴된다.

인간을 가장 괴롭히는 것은 인간을 둘러싼 환경이 갑자기 심하게 변하는 것이다. 피난민들은 피난으로 바뀐 환경변화로 방사성물질보다도 더 큰 영향을 받는다. 피난민들은 육체적으로도 정신적으로도 고통이 계속되어 결과적으로 인간으로서의 존엄이 상처받게 된다. 이러한 피난 상태가 장기간에 걸쳐 계속된다는 것이 총체적으로 인간을 가장 상처받게 하는 것이다.

이런 것을 단적으로 나타내고 있는 것이 '지진재해 관련사'이다. 제1장에서 말한 바와 같이 재해가 일어난 직후부터 2012년 9월 말까지 지진재해 관련 사망자는 전국에 2300명 남짓하고, 그 가운데 후쿠시마 현에서 사망한 사람이 1,121명으로 반수 가까이를 차지하고 있다. 쓰나미나 지진으로 괴로운 생활을 어쩔 수 없이 해야만 했기 때문이기도 하지만, 후쿠시마 현의 지진재해 관련 사망자의 대부분이 원전사고로 강제로 피난을 당하거나 생활환경이 악화된 것이 원인이었다고 생각된다.

또 원전사고로 인해 갑자기 바뀐 환경의 영향은 이렇게 사망한 사람의 수라는 형태로만 나타나는 것이 아니다. 후쿠시마 현의 16만이라는 피난민 가운데 대부분이 건강장애나 정신장애 등 수치로 나타낼 수 없는 고통을 안고 있다는 사실을 잊어서는 안 된다.

원전사고를 생각할 때, 발전소 내부에서 일어난 것에만 주목해서는 거의 아무것도 보지 못하는 것과 같다는 사실을 명심해야 한다.

피난 그 자체가 인간에게 미치는 영향에 관해서는 1986년에 발생한 체르노빌 원전사고 당시 피난에서 그 실례를 볼 수 있다. 당시 소비에트연방 정부가 취한 강제 피난조치 결과, 피난했던 사람의 평균수명은 피난하지 않았던 같은 지구 주민에 비해서 7년이나 단축되었다는 최근의 연구 결과가 있다.* 피난하지 않았던 주민은 방사선의 영향을 계속 받고 있었는지는 모르지만, 결과적으로는 그로 인한 건강피해보다는 피난이 가져오는 육체적·정신적 영향쪽이 컸다고 생각된다.

이 예로도 알 수 있듯이, 장기간의 피난을 판단할 때 인간의 건강을 종합적으로 생각해야 하며, 결국 인간을 많이 고통스럽게 하지 않도록 해야 한다는 데 충분히 유의해야 한다.

지역 전체가 가능한 한 빨리 귀환해서 원래 생활로 돌아갈 수 있도록 노력을 해야 하지만, 거꾸로 앞으로도 장기간에 걸쳐 돌아갈 수 없는 것으로 판단이 선다면 돌아가는 것만 전제로 대처해서는 안 된다. 피난한 사람의 건강과 생활을 고려해 각각의 사람에게 맞는 새로운 생활을 시작할 다른 거주지를 선택할 수 있도록 마련하여 최종적으로는 당사자의 판단·결정에 맡겨야만 할 것이다. 그리고 판단에 필요한 정보를 정부나 관계기관이 빨리 발표함과 동시에, 정부로서 기준을 신속히 수립할 필요가 있다.

---

* 러시아정부보고서 「체르노빌 사고 25년 러시아에서의 영향과 후유증 극복에 관한 총괄 및 전망 1986-2011」, 2011년. 나카가와 게이치(中川惠一) 『방사선과의사가 말하는 피폭과 발암의 진실』, 베스트신서, 2012년

7 오염제거는 가능한가?

방사성물질은 제거할 수 없다

우선, 방사성물질을 제거하는 것이 불가능하다는 사실을 알아두어야 한다. 원전으로부터 주위로 확산된 방사성물질을 제거하고 싶다고 생각하는 것은 자연스러운 것이다. 그러나 중화제를 더해서 화학물질의 독성을 제거하는 것처럼, 방사성물질에 무언가 처리를 해서 방사능이 없어질 수는 없다.

사고에서 여러 가지 방사성물질이 방출되었지만, 갑상선 축적이 문제가 되는 방사성 요소131은 반감기가 8일이고 극히 단기간 안에 키세논이라는 비방사성물질로 변하고, 반감기가 2년인 세슘134는 사고 후 2년 경과한 현재, 약 절반이 비방사성 바륨134로 변해 버렸다. 오염제거에서 문제가 되는 것은 반감기가 30년으로 긴 세슘137로, 이것은 방사선을 방출하면서 비방사성인 바륨137로 변한다. 세슘137에서 나오는 방사선은 30년 지나면 절반으로, 60년 지나면 4분의 1, 90년 지나면 8분의 1로 줄고, 100년이 지나면 약 10분의 1로 준다. 날아가 흩어진 방사성물질에 대처하는 길은 방사능 감소에 기댈 수밖에 없는 것이다.

이를 전제로 생각하면, 방사성물질의 존재를 인정하고 인간에 미치는 영향을 최소화하는 대책을 시행한 후, 시간이 경과해 방사능이 감소하는 것을 기다리는 것이 최선의 방책이라 할 수 있다.

현재 정부나 지자체 등이 생각하고 있는 것은 방사성물질이 달라붙었던 토지나 나뭇잎, 기타 물질을 전부 모아서 어딘가에 보관하는 방법이다. 이러한 방법을 취하려 하는 것은 대부분의 사람들이 방사선량에 관계없이 방사성물질이 근처에 있다는 것 자체를 불안하게 느끼고 있기 때문이다. 그러나 지금 상황을 보면, 그 방법은 아마 실패할 것으로 보인다. 보관장소가 될 지역도, 보관장소로 가는 경로에 있는 지역도, 그것을 거절하고 있는 것을 보면 이는 명백하다.

현장 처리

그럼 대응책은 없는가라고 한다면 그렇지는 않다. 단 하나뿐이다. 그것은 각각의 장소에서 인간생활에 영향을 미치지 않도록 방사성물질을 보관하는 '현장 처리'를 하는 것이다.

'현장 처리'의 구체적인 방법을 들어보자.

오염제거에 효과적인 가장 간단한 것은 각각의 장소에서 '재무덤'을 만드는 것이다그림 5-15(a). 예를 들면 25m×25m의 땅 표면의 흙을 5cm 만큼 파내 5m×5m짜리 무덤을 만들면 그 높이는 1.25m가 된다.그림5-15(i)

재무덤이라는 것은 과거에 화산재를 처리했던 방법이다. 화산국인 일본은 과거에 많은 지역에서 화산 분화를 경험해 왔다. 화산에서 나오는 재로 경작이 불가능해지면, 그 재를 주민 각자가 한자리에 모아서 재무덤을 만들었다.* 그리고 경작을 다시 시작한다. 오염제거에도 옛날부터 내려온 지혜를 적용할 수가 있다. 오염제거로 모인 오염토 등을 각각의 장소에 보관해, 방사능이 감소하길 기다리는 것이다.

다음으로, 실제로 학교 교정 등에서 했던 '현장 처리'가 '위아래 뒤집기'이다그림 5-15(b). 이 방법은 효과는 있지만, 손이 많이 가고 비용이 너무 많

---

* 아사마산산록매몰촌락종합조사회, 도쿄신문 편집국 특별보도부 공편, 『쓰마고이·일본의 폼페이』, 도쿄신문 편집국, 1980년

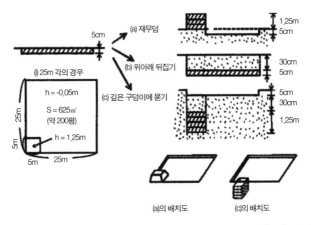

그림 5-15 오염토 처리는 '재무덤'이나 '깊은 구덩이 파서 묻기'가 현실적이다

이 들기 때문에 학교 교정 등 외에 다른 곳에서는 별로 사용되지 않는다.

이 완전히 위아래로 뒤집기 말고 '뒤집기 경작'으로 불리는 또 다른 방법이 있다. 이는 '위아래 뒤집기 농지판'이라고도 불릴 만한 방법으로, 호미 모양의 농기구를 붙인 경작기계로 논갈이를 하듯 토지 덩어리를 뒤집어 실질적으로 위아래 뒤집기에 가까운 상태를 만들어내는 것이다. 단, 이 방법은 오염토와 오염되지 않은 토양을 섞음으로써 공간선량을 내릴 수는 있지만, 토지 표면에 붙어 있는 방사성물질을 확실하게 땅속 깊이 격리하는 위아래 뒤집기와 비교하면, 방사성물질의 격리라는 점에서는 불충분하다고 말할 수 있다.

가장 효과적인 것은 거기에 깊은 구덩이를 파서 오염물질을 묻고 오염되지 않은 토지로 덮는 '깊은 구덩이 파서 묻기' 방법이다.그림5-15(c)

깊은 구덩이 파서 묻기에서는 처음에 오염을 제거하려는 토지의 한쪽 각에 깊은 구덩이를 파서 오염되지 않은 토양은 그 옆에 두고, 오염된 범위의 표토를 5cm의 두께로 긁어모아 구덩이 안에 넣는다. 오염된 표토를 전부 깊은 구덩이에 넣고 미리 옆에 두었던 깨끗한 흙으로 그 구덩이의 입구를 덮는다. 이렇게 오염된 물질을 인간이 살고 있는 공간으로부터 격리시킴으로써 방사선으로 인해 인체에 미치는 영향을 없앨 뿐만 아니라, 오염물질을 직접 보면서 받은 정신적 영향에서도 벗어나게 된다.

이 깊은 구덩이 파서 묻기 방법이 현실적이라는 데에 필자의 추측을 섞어서 좀 더 상세히 생각해 본다. 원자로에서 외부로 방출된 세슘137이하 세슘은 공기 중의 물비에 녹아들어가 지면에 내려 물과 함께 흘러간다. 물에 녹은 세슘은 물이 흙입자 사이를 흘러갈 때 흙입자가령 규산(Sio2)의 표면에 닿으면 그 결정체의 표면에 전기적인 힘이온력으로 달라붙어 원자 차원에서 결합한다. 이러한 결합침착(沈着)이 생기면 세슘은 물에 다시 녹아 나오는 일은 거의 없다그림 5-16. 간단히 말하면 세슘은 흙입자에 붙잡혀 도망갈 수 없는 상태가 되는 것이다.

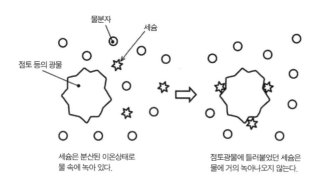

그림 5-16 방사성 세슘이 흙 속에 들러붙는 과정

이러한 과정은 이미 꽤 연구가 되어 있다「토양-식물계에 있어서 방사성세슘의
거동과 그 변동요인」, 독립행정법인 농업환경기술연구소연보31, 2012년. 현지에서 관찰
해 보면, 간접적으로 증명에 도움이 되는 몇 가지 사실이 있다. 그것들을
예로 들면 다음과 같다.

- 지붕이나 빗물받이, 시멘트제 통로의 선량은 주위에 비해 높고, 시간
  이 지나도 변하지 않는다.
- 기와나 노면은 솔 등으로 문질러서는 선량이 내려가지 않고, 갉아내
  지 않는 이상 선량은 내려가지 않는다.
- 흙 안의 선량은 표면이 가장 높고 깊이 방향으로 지수함수 모양으
  로 감소한다. 대부분의 세슘은 표면에서 3cm 정도의 깊이까지 가라
  앉아 있기 때문에 표면에서 5cm의 표토를 떠내면 오염토를 제거할
  수 있다.그림5-17
- 이 분포 형태는 시간이 지나도 변하지 않고, 시간에 따라 지수함수
  모양으로 감소할 뿐이다.
- 원전사고 후 2년이 지나면 작은 개울물에서 세슘은 거의 검출되지
  않는다. 가끔 큰 비가 내릴 때는 소량의 세슘이 검출된다. 이는 세슘
  이 흡착된 흙의 미립자가 흐르기 때문인데, 세슘이 직접 물에 녹아
  나오고 있기 때문은 아니라고 생각한다.

이러한 사실추측을 포함함로부터, 사고가 난 뒤 2년이 지난 현재, 세슘은
원자 차원에서 공중에 떠다니거나 물속에 떠 있는 것이 아니라, 흙입자나
나뭇잎 등의 고체와 결합하여 물에 녹아나오는 것은 거의 없다고 생각할
수 있다.

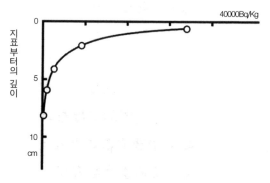

그림 5-17 흙 속 방사성 세슘의 연직(鉛直)분포의 예
일본학술회의 토양과학분과회 주최 방사능오염 제거의 토양과
학 심포지엄 2012-3-14 자료에서 필자 작성

이렇게 생각하면, 세슘이 다시 녹아나올 일은 거의 없기 때문에 구덩이를 깊게 파서 묻을 때에는 오염물질을 비닐봉투 등에 넣을 필요도 없고, 깊이 묻혀 있어서 사람에게 해를 미치지 않는 상태로 보관했다가 나중에 시간이 지나 방사능이 감소하길 기다리는 것이 가장 현실적이라고 생각된다.

여기에서 제시한 사고방식은 모두가 검증된 것은 아니지만, 가는 길은 올바르다고 생각한다. 원전 피해지의 심각한 현 상황을 본다면 이러한 사고방식을 진지하게 다뤄 대책에 넣기를 필자는 강하게 바라고 있다.

현재 이루어지고 있는 오염제거는 오염물질 모두를 한곳에 모아서 보관하려고 하기 때문에 각각의 이해가 대립하여 결론이 나오지 않는 것이다. 언제까지고 오염물질을 대규모로 모아서 보관하는 방식을 고집한다면, 오염제거도 진행되지 않고 주민들도 돌아오지 못하여 지역은 붕괴된 채로 복구하기가 점점 더 어려워진다.

이렇게 생각하면, 오염제거에 관해서는 방사성물질을 제거하는 것이 불가능하다는 것을 전제로, 현장에서 '깊은 구덩이 파서 묻기'로 처리하는 것이 가장 현실적이지 않을까 싶다. 정부나 지자체의 방침에 따른 방식으로 시간을 헛되이 쓰지 말고, 강제로 피난을 간 사람들이 중심이 되어 이러한 대책을 적극적으로 받아들일 것을 기대해본다.

안전신화의 붕괴
후쿠시마 원전사고는 왜 일어났나

6장

후쿠시마 사고의 교훈을
어떻게 살릴 것인가?

① 사고에서 배운다

지식으로 삼지 않으면 살릴 수 없다

후쿠시마 원전사고는 엄청 매력적인 에너지이지만 매우 위험한 기술인 원자력을 다룰 때 무엇을 고려해야 하는지, 무엇을 준비해야만 하는지, 어떻게 다루어야 하는지를 가르쳐 준 사고였다. 또 이 사고는 원자력발전이라는 하나의 기술에 머무는 것이 아니라, 많은 기술분야에 공통되는 기술적인 과제를 명확히 함과 동시에, 큰 재해에 맞서는 데 필요한 사고방식에 관해서도 많은 시사점을 가져다 주었다. 우리는 이 사고가 가르쳐준 것을 충분히 배우지 않으면 안 된다.

사고의 교훈을 살리려면, 무엇이 왜 일어났는지를 밝히는 조사를 하고 보고서를 만든다. 또 얻은 정보를 살리기 위해서 구체적인 사례를 수집하거나 데이터베이스를 만드는 경우가 많다. 그러나 단지 개개의 사태를 모아서 분석이나 총괄을 하는 것만으로는 교훈을 살리지 못하고, 시간이 지나면 전부 잊어버리고 만다.

중요한 것은 구체적인 사례를 시작으로 상위개념으로 올라가, 추상화·보편화해서 지식으로까지 끌어올리는 것이다. 일단 지식으로까지 끌어올려두면, 나중에도 그 지식을 그때 그때 사회정세나 기술상황에 맞게 바꾸어, 각각의 사례에 맞춰 생각할 수가 있게 된다.그림 6-1

충분히 지식화해 사회 전체가 공유하는 것을 게을리했기 때문에 사고의 교훈을 살릴 수 없었던 예로서, 도쿄전력 가시와자키카리와 원전의 예가 있다.

2007년에 도쿄전력 가시와자키카리와 원전이 니가타 현 추에쓰 앞바다

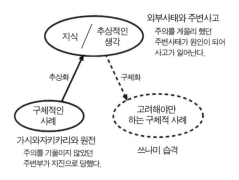

사태 개념으로 올라가 구상화해서 내려오면 새로운 구체적 사례를 인식한다.

그림 6-1 실패의 지식화와 지식의 적용

지진으로 피해를 입었다. 원전의 중요설비에 대해서는 지진대책을 충분히 강구하고 있었기 때문에 큰 피해는 없었으나, 주변부의 설비 등이 파손되었다. 매우 심각한 사태에 이르지는 않았지만, 주의를 기울이지 않았던 주변기기가 손상되었기 때문에 장기간 발전할 수 없는 상태가 계속되었다. 결국 다시 운전하기까지는 2년 이상이 걸렸고, 설비 복구만이 아니라 대체연료 등에 막대한 비용이 들었다.

이 피해로부터 중요설비만 지켜내려고 주력하는 것만으로는 불충분하고, 주변부까지 포함한 전체를 생각해 필요한 대책을 취해야 하는 것을 배워야만 했던 것이다. 예를 들면, 지진에만 초점을 맞춘 안전대책처럼 주의를 한 군데만 집중하면 그 외 부분에는 주의가 소홀해져, 그것이 원인이 되어 큰 사고로 발전할 가능성이 있다는 데까지 생각해야만 했다. 이 주의를 게을리한 대상이 바로 쓰나미였다.

사고로 얻은 교훈을 지식으로까지 끌어올려 후쿠시마 원전에서는 무엇인지를 생각해보았다면, 원전 안전을 해치는 요인이 지진만이 아니라, 쓰나미라는 것에까지 생각이 미쳤을 것이다.

그러나 사고에서 얻을 수 있는 교훈을 더욱 끌어올려 지식화하고 보편화해 둔다는 생각도, 그 지식을 여러 가지 구체적 사례에 맞춰 생각하려는 의지도 없었기에 쓰나미로 인한 위험은 인식하지 못하고 결과적으로 놓쳐 버린 채 큰 사고에 이르게 된 것이다.

가설을 더해서 전체상을 만들면 풍부한 지식체계가 만들어진다

다음으로 중요한 것은 가설을 더해서 사고의 전체상을 만드는 것이다. 사고나 실패에 이른 사태의 연계이것을 맥락이라고 부른다를 되짚는 것만이 아니라, 다른 선택지를 택했다면 어땠을까 하는 것을 고려해 성공에 이르는 맥락도 함께 생각하는 것이다. 이렇게 실제로 일어났던 것만이 아니라, 가설을 더해서 전체상을 만들면 풍부한 지식체계가 만들어진다.그림 6-2

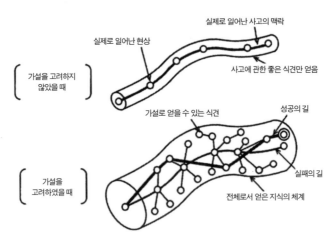

그림 6-2 사고로 일어난 사태에 가설을 더해서 전체상을 만들면
풍부한 지식체계가 만들어진다

사고가 진행중일 때는 시시각각 변해가는 사태에 맞추어 무엇인가를 선택·결단해 실행해야만 한다. 사태진전의 각 단계에서 선택한 것을 연결한 결과의 하나가 '실패의 길'이다. 한편 각각의 단계에서 만약 다른 길을 선택했더라면 잘 됐을지도 모른다. 그 맥락이 '성공의 길'이다.

대부분의 경우, 사고조사는 실패의 길만을 상세히 분석해 조사하지만, 사고에서 배운 것을 다음에 살리기 위해 이러한 가설을 세워서 성공에 이르는 길을 명확히 해둘 필요가 있다.

예를 들어, 이번 사고에서는 모든 전원 상실에 대비한 최소한의 대책으로 자가발전기 부착·이동식 공기압축기를 준비해두었다면 중대사고까지는 이르지 않았을 가능성이 있다는 것이 밝혀졌다. 이러한 이유로, 일본 국내 각 원전에서는 이 사고 후 전원차를 높은 곳에 배치하는 등의 대책을 곧 취했다. 그러나 그러한 중대사고대책은 사고 전에 취해야만 했던 것이다. 그것을 깨닫기 위해서는 사고나 실패에 이른 맥락을 자세히 조사·검토하는 것뿐만 아니라, 성공의 길에 대한 탐색도 포함해 전체상을 생각하는 것이 반드시 필요하다. 그렇게 함으로써 현재 존재하고 있는 다른 과제도 다시 보이게 될 것이다.

사고가 일어난 다음에 생각해서는 제대로 대응할 수가 없다

인간은 자신의 눈앞에 일어나고 있는 일에 대응하려고 할 때, 머릿속으로는 다양한 선택지를 떠올리고 그 가능성을 찾아 생각을 만들어간다. 이러한 사고의 시행착오에는 꽤 긴 시간이 걸리고, 진행이 빨라 즉각 선택·결정해야만 하는 사태에서 하나하나 논리를 쌓아올려 올바르게 판단·행동하는 것은 불가능하다. 특히 이번 원전사고와 같이 다양한 현상이 동시에 매우 빨리 연속해 일어나는 경우에는 차츰차츰 진행하는 사태에 대응하는 것처럼 생각을 적절히 풀어나갈 수가 없다.

또, 그때그때마다의 선택은 그 시점에서 보이는 것 안에서만 판단할 수밖에 없다. 당사자는 사고가 일어났을 때, 전체상을 볼 수 없는 가운데서 판단을 해야만 하는 경우가 많다. 당사자는 전체상을 보지 못한 채 생각해야만 되는 것을 스스로 깨닫고 있어야 하며, 항상 전체상을 파악하기 위해 준비해 둘 필요가 있다.

긴급한 사고가 일어나면 사전에 생각해 둔 것만이 떠오른다. 사고가 일어나기 전에 미리 일어날 만한 것이나 그 전체상, 그것에 대한 대응책을 마련해 머리에 쌓아 두었다가 서둘러 대응해야 하는 순간에 적용할 수 있는 것을 꺼내어 판단·실행하는 것이다.

그러나 모든 것을 사전에 예상하여 대응을 생각하고 준비하였다가 올바르게 선택하는 것은 실제로는 불가능하다. 그러한 사태에 이르렀을 때 힘이 되는 것은 생각해 낸 결과의 기억이 아니라, 생각함으로써 머릿속에 생기는 '사고思考회로'인 것이다.

사고가 일어났을 때는 사고가 일어나기 전에 생각해서 준비했던 것밖에 떠오르지 않는다는 점을 명심한다. 동시에, 평상시부터 가상연습을 반복하여 머릿속에 사고회로를 확립하여 일부러 떠올리려 하지 않아도 생각날 수 있도록 해두고 실지훈련으로 신체를 움직여 몸이 기억하게 하도록 실천하지 않으면 안 된다.

비상시와 평시

원전사고가 있을 때의 대응방식을 정한 정부나 지자체가 정한 기준이나 매뉴얼에는 비상시에도 평상시의 방법으로 대응하려는 경우가 많다. 기준이나 매뉴얼이 처음부터 비상시를 예상한 내용이었다면, 그대로 대처할 수 있다. 그러나 사고로 일어난 사태가 빠르게 변하거나 예상외의 일이 일어났을 때는 최초에 정한 방법으로는 대처할 수 없다.

제3장과 제5장에서 서술했던 요오드제 복용지시에 관한 일은 이러한 평상시 방법을 고수하려했기 때문에 적절한 대처가 취해지지 않은 예이다. 요오드제 복용지시는 안전위원회가 현지대책본부 의료반에게 조언을 해 긴급사태대응방침결정회의가 예방복용안을 결정하여 정부의 원자력재해대책본부에게 보고하고, 이 본부의 결정을 받아서 현지대책본부를 경유하여 도도부현 지사에게로, 지사로부터 주민에게라는 순서로 전달되도록 되어 있다.

그러나 요오드제는 요소를 체내로 흡수하기 전에 복용하지 않으면 의미가 없다. 이런 이유에서 요소가 방출되려거나 그럴 우려가 있다고 판단된 시점에 복용지시가 바로 전달되어 복용해야만 하는 것이다. 그러나 요오드제의 복용지시에 관한 규정을 지키려고 하면 즉각적인 대응은 불가능하다.

한편, 미하루 정처럼 지자체가 스스로 판단하여 미리 배포했던 요오드제의 복용을 지시한 지자체가 있다. 이에 대해 후쿠시마 현은 상부기관의 지시 없이 요오드제의 배포·복용지시를 했다는 사실을 문제삼아 지시를 정정하고 회수할 것을 지시했다. 이러한 후쿠시마 현의 대응은 비상시에 사용하기에 부적절했다고 생각되지만, 가장 긴급한 이번 시점에서 태연히 벌어진 것이다.

이러한 예에서 보면, 평상시의 방식으로는 비상시를 대처할 수 없다는 결론을 낼 수 있다. 형식에 집착해 그에 따르려고 하는 사람은 사태 진전에 대응할 수가 없고, 사태의 경중을 올바르게 파악할 수 없어 잘못 판단해 버린다는 것이 이번 사고로 드러났다.

그렇다면 비상시에 대응하기 위해서는 어떻게 하면 좋을까? 첫 번째로, 미리 비상시에 일어날 법한 것을 생각해두고, 올바르게 선택할 준비를 해두는 것이다. 긴급사태에 대한 대처를 생각한다면, 진행이 빨라질 것을 염두에 둔 방법을 반드시 미리 정해두어야만 한다.

그와 동시에, 예상외의 사태가 일어났을 때도 적절히 대응할 수 있도록 각 개인이 가상연습 등으로 머릿속에 사고회로를 만들어 판단기준이 되는 가치관을 확립해 두어야만 한다. 특히 조직 안에서는 그 가치관을 공유해야만 한다.

❷ 위원장 소감

필자의 한 사람인 하타무라는 정부사고조사위원회 최종보고서의 마지막에 '위원장 소감'을 기술했다. '소감'이라고 한 것은 이번 사고에서 배운 것을 지식화한 것이다. 사고조사위원회의 위원장으로 취임할 때 100년 후의 평가에도 감당할 수 있는 사고조사를 하고 싶다고 생각했다. 그러기 위해서는 사고에서 배운 것을 지식화할 것, 특히 시대가 변해도 다양한 분야에 적용할 수 있도록 보편화하는 것이 중요하다고 생각했기 때문이다. '소감'을 보고서에 기재한 그대로 소개하면 아래의 7개 항목이다.

① 있을 수 있는 일은 일어난다. 있을 수 없는 일도 일어난다.
② 보고 싶어 하지 않는 것은 보이지 않는다. 보고 싶어 하는 것이 보인다.

③ 가능한 한 모든 예상과 충분한 준비를 한다.

④ 형식을 만들어놓은 것만으로는 기능하지 않는다. 구조는 만들 수 있지만, 목적은 공유되지 않는다.

⑤ 모든 것은 변하기 때문에 변화에 유연하게 대응한다.

⑥ 위험의 존재를 인정하고, 위험에 바로 맞서서 논의할 수 있는 문화를 만든다.

⑦ 자신의 눈으로 보고 자신의 머리로 생각하고 판단·행동하는 것이 중요하다는 것을 인식해, 그러한 능력을 기르는 것이 중요하다.

7개 항목 중에 ①, ②, ⑤의 3개 항목은 사물을 보는 관점·사고방식에 관해 기술한 것이다. 또 ③, ④는 조직 본연의 모습에 대해 기술한 것이다. 그리고 ⑥은 문화 본연의 모습에 관해, ⑦은 개인 본연의 모습에 관해 기술하였다. 아래의 항목에서 각각에 관해 대응하는 사고의 사태를 인용하여 상세하게 설명하겠다.

사물을 보는 관점·사고방식에 관하여

있을 수 있는 일은 일어난다. 있을 수 없는 일도 일어난다(①)

1977년에 원자력위원회가 재검토했던 「발전용 경수형 원자로시설에 관한 안전설계 심사지침」으로, '…고도의 신뢰도가 확보되는 전원설비의 기능 상실을 동시에 고려할 필요는 없다. 장기간에 걸친 전원 상실은 송전계통의 복구 또는 비상용 발전기의 수복이 기대되기 때문에 고려할 필요는 없다'라고 되어 있고, 특히 93년에 원자력안전위원회에서도 교류동력 전원이 장시간 끊어질 것은 고려하지 않아도 좋다고 하였다.

이러한 지침이 나온 배경에는 일본의 전기품질에 대한 과신이 있었다고 생각되지만, 이들 지침 때문에 일본의 원자력발전은 장기간 전원 상실을 예상한 준비, 훈련 등의 필요성을 고려하지 않는다는 잘못된 방향으로 가 버리고 말았던 것이다.

인간은 빈번히 발생하는 세세한 문제에 주의를 너무 집중하면 발생 빈도는 낮지만, 일단 일어나면 중대한 결과를 가져오게 되는 사태를 놓치는 경향이 있다그림6-3. '있을 수 있는 일은 일어난다. 있을 수 없는 일도 일어 난다. 특히 생각지도 못했던 일조차 일어날 수 있다'고 생각해, 국내외에서 일어난 사건이나 경험에서 배워 모든 요소를 고려해 논리적으로 있을 수 있는 일을 찾아냄과 동시에, 최소한의 대책을 만들어둘 필요가 있다.

특히 원자력발전소와 같이, 중대사고가 일어났을 때 피해가 막대해질 경우는 원전 내부에서 일어나는 휴먼 에러 등의 내적 사태만 아니라, 설계 기준을 크게 넘어서는 자연재해나 테러 등의 외적 사태로 노심이 심하게 손상될 경우를 예상해 효과적인 중대사고대책을 검토·준비해야 한다.

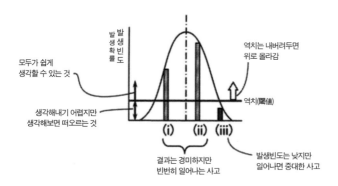

그림 6-3 있을 수 있는 일은 일어난다.
있을 수 없는 일도 일어난다.
생각지도 못했던 일조차 일어날 수 있다

보고 싶어 하지 않는 것은 보이지 않는다. 보고 싶어 하는 것이 보인다.(②)

인간은 사물을 보거나 생각할 때, 자신의 이해, 조직·사회·시대의 영향으로 인해 자신이 보고 싶어 하지 않는 것, 형편이 불리한 것은 보지 않고, 자신이 보고 싶은 것이 보고 싶은 대로 보이는 것이다.

후쿠시마 제1원전의 설치허가 신청이 나왔던 당시, 쓰나미의 예상 높이는 기록에 최고치로 남아 있는 칠레지진 쓰나미 높이인 3.1m였다. 그 후 도쿄전력은 예상 높이를 5.7m, 6.1m로 순차적으로 높이는 대책을 마련했다. 한편 869년의 조간 쓰나미의 조사가 진행되어 10m를 넘는 거대 쓰나미가 올 가능성이 지적되었지만, 지진학자들 사이에서는 '후쿠시마 앞바다에서는 거대지진은 발생하지 않는다'고 하는, 지금 보면 완전히 잘못된 견해가 지배적이었던 것도 있어, 조간 쓰나미는 과학적으로 불확실한 정보로 대책에까지는 이르지 못했다.

쓰나미의 예상을 가볍게 본 원인의 하나로 '지역의 분위기에 휘둘려 있었다'는 것도 지적할 수 있다. '분위기'라는 것은 명시되어 있지 않아도 하나의 집단이나 지역, 문화권에 속한 사람들이 공통으로 갖고 있는 마인드를 말한다.

쓰나미에 관한 후쿠시마 현의 '분위기'는 어떠한 것이었던가. 도호쿠 지방의 태평양 연안 지역에서도 장소에 따라 쓰나미에 대한 경계심은 다르다. 미야기 현의 오지카 반도 이북의 산리쿠 지방에서는 메이지시대 산리쿠 거대 쓰나미나 쇼와시대 산리쿠 거대 쓰나미가 사람들의 기억에 남아 있었기 때문에 쓰나미에 대한 경계심이 매우 강하다. 그러나 센다이만 이남 지역에서는 쓰나미에 대한 경계심은 전혀 없었다고 말해도 좋다. 그것을 상징하는 것이 동일본대지진 때 센다이만 북측에 접해 있는 이시마키

시에 사망자·행방불명자가 매우 많았다는 사실이 그것이다. 그것보다 훨씬 남쪽인 후쿠시마 원전 주변 지역에서도 쓰나미에 대한 경계심은 거의 없었다.그림 6-4

도쿄전력이 거대 쓰나미의 가능성은 지적하면서도 충분한 대책은 취하지 않은 채 있었던 것도 쓰나미를 경계하지 않는 지역의 '분위기'에 둘러싸여 있는 가운데 '보고 싶지 않은 것은 보이지 않는다', 다시 말하면 '형편이 불리한 것은 생각지 않는다'는 상태에 빠져 있었기 때문이라고 말할 수 있다.

이러한 것을 막기 위해서는 자신의 형편이 불리하기 때문에 눈을 돌리려 하는 인간의 성향을 항상 자각하고 반드시 미쳐 보지 못한 것이 있을 수 있다고 의식해, 보고 싶지 않은 것, 형편에 불리한 것, 일어나지 않았으

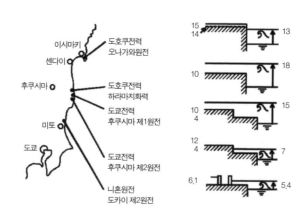

산리쿠 해안에서는 높은 쓰나미가 올 것이라고 생각하고 있었지만, 센다이만 이남에서는 높은 쓰나미가 올 것이라고는 누구도 생각하지 않았다.

그림 6-4 원전이 위치한 부지의 높이(해발)와 들이닥친 쓰나미의 높이

면 하는 것을 일부러라도 찾아내려고 하는 자세가 필요하다. 그림 6-5를 설명하자면, 위험한 것을 보고 싶어하지 않는 사람에게는 나무의 뒤편에 숨어 있는 도깨비는 보이지 않지만, '싫은 것'을 찾아내려 하는 자세로 임하면 도깨비가 보이는 것이다.

모든 것은 변하기 때문에 변화에 유연하게 대응한다(⑤)

식견이나 지식, 주위 상황, 사회의 사고방식 등 모든 것은 변한다는 것을 전제로, 모든 것을 고정화하지 않고 변화에 따른 적절한 대응을 계속 모색하지 않으면 안 된다.

예를 들면, 도쿄전력은 전술한 바와 같이, 후쿠시마 제1원전 설치 초기에는 충분한 식견이 없었던 쓰나미에 관해서도, 그 후의 지진학의 진보나 조간 쓰나미의 조사를 통해 후쿠시마 현의 태평양 연안에 쓰나미가 올 가

위험한 것을
알고 싶어 하는 사람

위험한 것을 보고 싶어
하지 않는 사람

그림 6-5 보고 싶지 않은 것은 보이지 않는다 - 관점을 바꾸면 위험이 보인다

능성에 관한 식견이 늘었음에도 불구하고 거기에 주목하지 않았다.

또 해외에서는 스리마일섬 원전사고나 체르노빌 원전사고, 대만 제3원전마온샨 시의 전원 상실사고, 프랑스 브라이에 원전의 홍수로 인한 전원 상실사고, 미국 9.11 동시다발 테러 등으로 인해 원전사고에 관한 식견이 늘었음에도 그것들을 충분히 받아들이지 않았다.

한편, 원전에 대한 국민의 생각도 시간과 함께 변한다. 사고로부터 2년이 지난 현재는 원전을 폐지하자는 의견이 강하지만, 이것은 사고 직후에 있을 법한 일종의 과도한 반응이라고 생각된다.

실제, 원전사고 후 원전에 대한 국민의 생각이 시간이 흐를수록 변화하는 예를 미국에서 볼 수 있다. 미국에서는 1979년 스리마일섬 원전사고가 일어난 후 원전을 새로 계획하는 것은 멈추었지만, 약 30년이 지난 2012년에 원전의 신설 인가가 났다.

이처럼 앞으로의 원자력발전을 생각할 때 시간의 경과와 함께, 원자력발전에 대한 사회의 사고방식도 변화한다는 사실을 고려하지 않으면 판단을 그르치게 된다.

조직 본연의 자세에 관하여
가능한 한 모든 예상과 충분한 준비를 한다(③)

후쿠시마 원전에서는 지진에 대한 예상과 준비는 상당히 되어 있었고, 이번에도 원자로 등의 중요설비에는 지진으로 인한 큰 손상은 거의 없었다고 생각된다. 그러나 쓰나미에 대한 예상은 빈약해서 준비는 거의 아무것도 없었다. 예기치 못한 사태의 발생에 충분한 준비가 되어 있었다면, 이번과 같은 대형사고로까지는 이르지 않았을 것으로 생각된다.

'가능한 한 모든 예상과 충분한 준비'라고 하면, 예상을 무한대로 해서 그것에 대응하는 방조제를 만드는 일이라고 생각할지 모르지만, 그렇게 해서는 비용이 끝없이 올라 결국은 실현 불가능하게 된다.

여기에서 말하고 있는 것은 예기치 못한 사태가 일어나도 최악의 사태에 이르지 않도록 대책을 취할 필요가 있다는 것이다. 예를 들어, 건물에 수밀문을 설치하고, 비상용 이동식 전원과 공기압축기가 있다면 이번과 같은 비참한 사태에는 이르지 않았다.

또 한편으로는, 아무리 조사하고 생각해도 깨닫지 못하는 것이 남아 있다는 것을 인정할 필요가 있다그림6-6. 그리고 '생각지도 못했던 일이 일어난다'는 가능성을 부정하지 말고, 최악의 사태에 이르지 않도록 준비를 하는 것이다. 이는 원래 인간의 생각 자체에 결함이 있다는 것을 겸허하게 인정하는 일이다.

이때 필요한 것이 '방재防災' 뿐만 아니라, '감재減災'라는 발상이다. 감재라는 것은 피해를 입지 않도록 대책을 취하는 것만이 아니라, 가령 피해

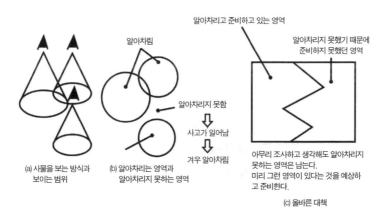

그림 6-6 아무리 생각해도 알아차리지 못하는 영역이 남는다

를 입었다손 치더라도 피해를 최소한으로 억제할 수 있는 대책을 취한다는 것이다.

일본에서는 안전신화가 상징하는 것처럼, 원전의 안전을 절대시한 나머지 사고가 일어나는 것을 전제로 한 감재책을 생각하는 것조차 충분히 할 수 없었다. 사고든 자연재해든 방재대책으로 막을 수 있다면 그 이상의 것은 없지만, 그렇다고 하더라도 재해피해를 전제로 한 재해감소대책이 필요하지 않다는 생각은 결코 있어선 안 된다.

형식을 만들어놓은 것만으로는 기능하지 않는다. 구조는 만들 수 있지만, 목적은 공유되지 않는다(④)

조직 구성원이 그 조직이 무엇을 목적으로 사회로부터 무엇을 위탁받고 있는가에 대해 충분히 자각하고 있지 않으면, 어떤 조직을 만들어도 전체로서는 소기의 기능을 달성할 수 없다. 또 어떤 시스템이나 설비를 만들어도 그것을 사용하는 조직원이 그 틀이 목적하는 바를 이해하고 있지 않으면, 충분히 활용할 수 없다.

예를 들어, 제5장에서 기술한 바와 같이, SPEEDI는 그 운용을 담당하는 조직이 누출 상황이 확인되지 않으면 정확한 데이터는 얻을 수 없다고 인식하고 있었기 때문에, 지형정보와 기상상황으로부터 사고 당시 어느 방향으로 방사성물질이 날아갈 것인지는 예측할 수 있었으면서도 그 정보를 공표하지 않아 피난에 활용되지 못했다. 그 때문에 피난자들은 원전에서 단지 멀리 떨어지는 것만을 생각해야 했고, 가장 많은 방사성물질이 흘러간 방향으로 도망친 사람들도 많았다. 이러한 일이 일어난 것은 SPEEDI 운용자들이 SPEEDI를 정비한 목적을 충분히 이해하고 있지 않았다는 것 말고는 설명할 길이 없다.

또 제3장에서 말한 바와 같이, 원전에서 5㎞ 거리에 있던 사고시 현지 재해대책본부의 거점이 되어야 할 오프사이트센터는 방사선 방호설비 예산은 잡아두고 있었으나 3년간 아무 일도 하지 않았다. 그 때문에 실제로 사고가 일어났을 때에는 사용하지 못하고, 그 기능은 멀리 떨어진 후쿠시마 현청으로 옮겨야만 했다. 이것도 형태만 제대로 갖춰놓고 필요한 기능은 다할 수 없었던 예이다.

이번 사고의 경위를 되돌아 보면, 이러한 예가 아주 많다. 누구도 정말 중대사고가 일어나리라는 것을 생각하지도 않고, 형식적인 대책만 이루어졌던 것을 알 수 있다.

만약 중대사고가 일어날 수 있다는 전제로 모든 것을 생각했었다면 사전에 대책의 부족함을 발견했을 것이고, 틀림없이 어떠한 상황에서는 무엇을 할 수 있는지를 미리 생각해 둘 수도 있었다. 그리고 탁상에서만 했던 계획이나 대책을 실지에서 해봤다면 대책이 어디가 부족한지 어떻게든 깨달았을 것이다. 탁상 위에서는 완벽한 대책으로 보이고 아무리 시뮬레이션으로 훈련을 해도, 실제로 해보지 않으면 빠진 부분을 알아챌 수는 없다.

조직구조와 그에 속하는 사람에게 문제가 있다면, 형식이 아무리 훌륭히 만들어져 있어도 실제로 그 기능을 다할 수 없는 근본적인 원인이 된다.

거의 모든 조직은 수직관계의 조직이다. 수직적 구조는 평상시의 업무를 능률있게 확실히 수행하는 데는 매우 효과적이다. 그러나 이러한 조직구조는 사태가 급속하게 진전되거나, 과제 자체가 시시각각 변화하는 비상시에는 전혀 기능을 하지 못하게 된다. 비상시에는 수평방향의 연대가 필요하게 되는 경우가 많기 때문이다. 비상시에 적절히 움직이기 위해서는 보통 수직으로 서 있는 조직의 벽을 부수고, 소위 '가로로 연대한다'는 조직

운영이 요구된다. 더욱이 언제, 어떤 시기에 조직을 가로로 운영할지를 사전에 정해두어야지 정작 일이 일어난 후에는 너무 늦다.

이번 사고에서는 미리 비상시의 조직운영이 전혀 고려되지 못한 채, 급속히 변화하는 중대한 사태가 일어났다. 나중에 생각해보니, 적절함을 거의 볼 수 없는 조직운영이었다고밖에 말하지 않을 수 없다.

이 수직적 조직의 문제는 후쿠시마 원전사고에서 정부나 지자체, 사업자 등에 한정된 것만이 아니다. 일본의 모든 조직에 공통되는 문제라고 말해도 과언이 아니다. SPEEDI든 오프사이트센터의 문제든 간에, 거기에 속하는 한 개인의 문제나 단순한 조직 문제로 볼 것이 아니라, 넓게 일본 안에서 행해지고 있는 일반적인 조직운용의 문제로 볼 필요가 있을 것이다.

자신들의 조직이 사회로부터 기대되는 역할이 확실히 정해져 있지 않거나 충분히 준비되어 있지 않은 부분이 있다면 거기에 주의를 촉구할 뿐만 아니라, 실행을 요구하도록 위에서 아래를 내려보는 큰 그림을 가지고 조직을 운영할 필요가 있다.

다음으로 조직의 수장에게 요구되는 것을 생각해 보자. 조직의 수장은 거기서 일어나는 모든 것을 최종적으로 결단해 실행해야만 한다. 이번 경우, 정부에서는 간 총리가, 후쿠시마 제1원전에서는 요시다 소장이 그 임무을 맡았다.

후쿠시마 원전사고가 일어났을 때, 간 총리는 여러 가지를 생각해서 결단을 내려야 했다. 그리고 조직은 간 총리가 생각하거나 판단하는 것을 지원하는 것이 최대의 임무였다.

그러나 실제로는 간 총리가 품은 의문에 적절하게 응답하거나 필요한 조언을 할 수 있는 사람이 거의 없었다. 그 결과, 총리 스스로가 후쿠시마 원전으로 헬기를 타고 날아가는 사태에 이르렀다. 간 총리의 이 행동을 문제 삼은 이도 있었지만, 그러한 말초적인 견해가 적절하다고는 말할 수 없다. 최고 결정자 자리에 있는 사람이 그 책무를 다하는 데 필요한 일머리가 전혀 행해지지 않았거나 잘못된 시사점을 주었다는 상황 그 자체를 다루지 않으면 안 된다.

후쿠시마 제1원전의 요시다 소장의 경우는 조직의 문제를 충분히 알고 있었다고 생각된다. 도쿄전력 본사가 해수주입을 중단하라고 지시했을 때, 해수주입을 중단하면 원자로의 상태가 악화할 것을 우려해 주입 중단을 지시하는 척하면서 실제로는 중단하지 않았다. 형식적이라도 쇼를 하지 않으면 전체가 움직이지 않는다는 사실을 잘 알고 있던 요시다 소장의 작전이었다.

간 총리든 요시다 소장이든 충분한 기능을 다하지 못하고 있는 조직 안에서 중대한 판단이나 실행을 해야 했던 최고 의사결정자의 쓰라림을 엿볼수 있다. 그리고 우리는 여기서 일어나고 있는 일을 사회의 근원적 과제로 인식해, 본연의 자세로 개선해가기 위한 노력을 다하지 않으면 안 된다.

문화 본연의 모습에 관하여

위험의 존재를 인정하고 위험에 바로 맞서서 논의할 수 있는 문화를 만든다(⑥)

원자력은 원래 에너지밀도가 매우 높아 극히 위험한 것이다. 이처럼 위험한 것을 도입할 때는 '위험하지만 사용한다'고 하는 데서부터 논의를 시작해야만 한다.

그러나 실제로는 어느새 '원자력은 안전하다'는 말이 나돌기 시작했다. 그 배경에는 지금의 일본인이 무슨 일에서도 절대안전이나 안심을 요구하게 된 것을 부정할 수 없다. 그것이 사고를 전제로 한 재해감소책이나 피해

확대방지책의 수립을 저해해 왔다고 말할 수 있다.

'안전'이라는 것은 사고가 일어나지 않는다는 것이다. 진정한 의미로의 '안심'이라는 것은 위험을 생각하지 않아도 좋은 상태가 실현되어야만 가능한 것이다. 그러나 절대안전이라는 이상적인 상태를 만들어내는 것은 불가능하며, 위험이 없는 상태란 있을 수 없다.

그렇다면 진정한 안심은 어떻게 해야 얻을 수 있는가. 위험의 성질을 알고 그것이 나타나지 않도록 대책을 취함과 동시에, 설령 위험이 나타나도 피해를 최소화하는 대책이 취해져 있는 상태로 만드는 것이다. 그렇게 하기 위해서는 위험을 '악'으로 규정하고 회피할 것이 아니라, 위험을 위험으로 인정하는 데서부터 시작해야만 한다.

안심을 바라는 것은 인간으로서 자연스러운 일이다. 보통 말하는 '안심'은 위험을 생각하지 않는 것이다. 그러나 안심하고 위험을 생각하지 않기 때문에 사고가 발생한다. 안이한 안심을 바라서는 안 된다.

이번 사고 전의 원전에 대한 사고방식은 원전 추진파나 반대파 양쪽 다 안전을 바라는 방향밖에 생각하지 않는다는 점에서 똑같았다그림 6-7. 추진파는 예상된 위험에 대한 대응책이 강구되어 있다는 데서 원자력은 안전하다고 주장하고, 반대파는 대책이 불충분하거나 착안점이 다르다는 데서 원자력은 위험하니까 사용하면 안 된다고 주장해왔다. 양쪽 다 사고는 일어나는 것이라 생각하면서도 발생시의 피해를 최소로 억누르는 대책이 필요하다는 관점은 없었다.

인간이 생각하는 것에 관해서는 아무리 치밀하게 생각해도 반드시 미처 생각하지 못하는 점이 있다는 것을 솔직히 인정하고, 사고는 날 수 있는 일이라고 생각해 필요한 준비를 해야 한다. 그리고 그것이 언제든 기능할 수 있는 상태를 유지하는 것이야 말로 참된 안전을 실현하는 것이다.

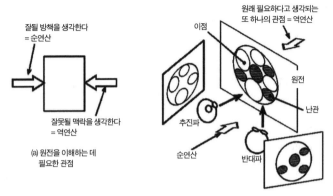

잘될 방책을 생각한다
= 순연산

잘못될 맥락을 생각한다
= 역연산

(a) 원전을 이해하는 데
필요한 관점

원래 필요하다고 생각되는
또 하나의 관점 = 역연산

이점

원전

난관

추진파

순연산

반대파

(b) 추진파도 반대파도 같은 방향에서 보고 있다.
~ 반드시 양방향에서 보아야 한다.

그림 6-7 앞으로 필요한 원전에 대한 사고방식

개인 본연의 자세에 관하여

자신의 눈으로 보고 자신의 머리로 생각하고 판단·행동하는 것이 중요하다고 판단하고 그러한 능력을 기르는 것이 중요하다(⑦)

이번 사고는 원자로 세 기가 차례로 노심손상에 이른 중대사고였지만, 그럼에도 어쨌든 현재 만큼의 피해로 수습되고 있는 것은 최악의 사태를 저지했던 현장의 힘이 있었기 때문이다. 후쿠시마 원전의 작업원들이 죽음을 각오하고 사고에 대응했던 덕분이다. 많은 착각이나 실수는 있었다 하더라도, 시시각각 변화하는 사태에 대응해 그 자리에서 무언가를 준비해 무엇이 가능한지를 자신의 눈으로 보고 스스로 생각해서 제대로 판단해 행동했기 때문이었다.

이렇게 주체적이고 능동적으로 행동할 수 있는 개인이 되도록 노력하거나 그러한 개인을 우리가 육성해야만 한다.

이번에는 현장 작업원들의 분투에 의해 최악의 사태에 이르는 것을 저지할 수 있었지만, 그 한편으로는 이번 사고가 일본 원자력기술자들 본연의 모습에 의문을 던지고 있다고 생각한다. 기술자들은 지금까지 의견을 너무 말하지 않고 있었던 것은 아닌가.

필자의 한 사람인 하타무라의 경험을 소개한다. 필자가 미국 샌디아국립연구소에 갔을 때의 일이다. 그때 이야기를 나눴던 사람이 1999년 일본의 (주)JCO 임계사고 조사차 일본에 왔던 미국정부 조사단 중 한 명이었다. 그는 사고조사 때에 기술자 한 사람, 한 사람에게 인터뷰를 했는데, 자신의 생각이나 의견을 제대로 말하는 사람이 없었다고 말한다. 기술자 한 사람, 한 사람이 자신의 생각을 제대로 갖고, 그 생각을 외부를 향해서 발언할 수 있는 정부가 아니면, 원자력을 다룰 자격이 없다고 그는 말했다.

'원자력은 안전하다'라는 말이 거짓이었다는 사실은 이번 사고가 증명하였다. 다양한 안전대책은 강구되어 있었지만, 그것이 충분하지 않다는 것을 알아채고 있던 원자력기술자들도 당연히 있었을 것이다. 그러한 기술자들이 좀 더 자신들의 의견을 소리 높여 말했어야 하지 않았을까. 한 사람의 기술자로서 주체적으로 판단해 능동적으로 행동하는 인간이 되지 않으면, 진정한 의미의 원자력 안전을 꾀하는 것은 불가능하다.

이것은 원전 작업원이나 원자력 기술자에게 국한된 것이 아니다. 우리 한 사람, 한 사람이 이처럼 스스로 생각하고 주체적이고 능동적으로 판단하고 행동할 수 있는 개인이 될 필요가 있다. 또, 그러한 개인을 길러내야만 하고, 그러한 개인을 길러낼 수 있는 문화를 만들어가야 한다.

3 피난·귀환과 오염제거를 어떻게 생각할 것인

3년, 30년, 100년

주민피난·귀환과 오염제거를 생각하는 데는, 주민이 입을 피해 전체를 최소화하는 것을 기본으로 해야만 한다. 사고가 일어난 직후에 생각된 것들은 시간이 지남에 따라 그때 그때에 일어나는 것에 따라 서서히 변화한다. 피난이나 귀환, 오염제거 등에 관해서도 생각이 변해가는 것이 당연하다. 사고 직후에 공포 속에 시작된 대응을 고집해선 안 된다.

인근 주민이 받은 피해는 원전에서 많은 방사성물질이 날아와서 자신들의 토지를 오염시킨 것만이 아니다. 그보다도 더 큰 것은, 가정이 파괴되거나 지역사회가 붕괴되고 직장이 없어지거나 그때까지 사용했던 토지가 쓸모없게 되어버리는 데서 오는 정신적 스트레스다. 지금 우리가 해야만 하는 것은 그런 전체를 최소화하는 것이다.

'방사능'을 두려워한 나머지 조금이라도 선량이 높은 곳에서는 살 수 없다고 생각해 피난생활을 계속하거나, 실현 가능성이 낮은 오염제거계획을 고집하면 오히려 피해가 전체로 확대될 가능성이 있다.

쓰라린 부분이지만, 일단 방사성물질로 오염된 토지는 어떤 방책을 강구해도 완전히 원래처럼 되지는 않는다고 생각해야만 한다. 방사성물질 그 자체를 제거해버리는 것은 불가능하며, 한꺼번에 전부를 해결하는 대책도 없다. 자연의 섭리에 따라 방사능이 자연스럽게 감소해가기를 기다릴 수밖에 없다는 사실을 이해할 필요가 있다.

반감기가 30년으로 긴 세슘137의 성질을 고려해서 피해지의 장래를 생각해본다면, 귀환 등의 당면목표는 3년, 지역의 부활에 30년, 거의 완전한 부활에는 100년 정도 걸린다고 생각하는 것이 맞을 것이다.

귀환의 당면목표를 3년으로 잡는 것은 10년, 20년이라는 시간이 흐르면, 피난을 갔던 다른 장소에 생활기반이 만들어져 원래 장소로 돌아가는 것이 불가능해질 수 있기 때문이다. 피난생활은 주거, 취학, 취업 등 모든 것이 어디까지나 임시적인 것이라는 의식에서 이루어지고 있다고 생각된다. 기한을 명확히 구분하지 않으면, 오래도록 뿌리내릴 다음 생활을 언제까지나 설계할 수 없게 된다. 그것이 3년을 당면한 귀환목표로 삼은 이유이다.

당면목표인 3년만에 귀환한 사람들이 지역에서 다시 생활하면서 차츰 생활기반이 만들어져 지역사회가 예전과 같은 활기를 되찾기까지 필요하다고 생각한 시간이 30년이다. 과거에 큰 재해를 맞은 지역을 봐도 다시 활기를 되찾는 데는 30년 정도가 필요했다. 만약 20mSv/y가 거주의 한계치라고 보고 30년 동안 방사선량이 반으로 준다고 한다면, 거주 불가능한 지역은 현재 40mSv/y 이상의 영역으로 축소된다.

또, 후쿠시마 현 전체가 거의 완전히 되살아나기에는 약 100년이 필요할 것이다. 제5장에서 말한 바와 같이, 세슘137에서 나오는 방사선은 100년이 흐르면 거의 10분의 1까지 감소한다. 사고로 생긴 방사선량이 1mSv/y 이상인 지역도 크게 축소되어, 현재 살 수 없다고 생각되는 지역 대부분이 일부를 제외하고 거주할 수 있다고 생각된다. 다만 실제로는 방사능의 반감만이 아니라, 풍화작용으로 바람에 날아가든지 바다로 흘러가서 계산한 것보다 빨리 방사선량이 내려갈 것으로 생각된다. 그것이 완전히 부활하기까지는 약 100년이 걸린다고 생각하는 근거이다.

이런 것들을 전부 감안하면, 실제 환경개선은 훨씬 빨리 실현될 것이라고 생각되지만, 마지막까지 기준을 넘어서는 영역이 극히 일부분이라도 남는 것은 각오해야만 한다. 이것이 원전사고의 본질이다.

귀환의 목표가 되는 구체적인 수치를 예로 들었지만, 어쨌든 피난생활이 길어지면서 무너져가는 생활을 고려해 가능한 한 빠른 시기에 귀환하는 것이 중요하다. 피난은 그 영향이 최소한이 되도록 범위와 기한을 생각해야만 한다.

그렇게 하기 위해서는 귀환한 사람들이 일상 생활이 가능하도록 정부나 지자체가 책임지고 모든 인프라시설을 정비해야만 한다. 주민이 어느 정도의 인원수가 되지 않는 한, 지역의 자발적인 경제활동이나 생산활동은 되살아나지 않는다. '방사능'을 올바르게 이해해서 피난민 한 사람, 한 사람이 되돌아오는 것만을 생각하는 것이 아니라, 가능한 한 빨리 지역사회 전체가 귀환할 수 있도록 해야만 한다.

현재 각 지역에는 적산선량의 향후 예상을 나타내는 지도가 누구나 이해할 수 있는 형태로 명시되어 있지는 않다. 하지만 그 지역 사람들이 장래 생활설계를 생각하면, 3년 후, 30년 후, 100년 후의 적산선량 분포도를 작성하여 앞으로 각 지역의 수치가 어느 정도까지 감소하는지를 알 수 있게 함과 동시에, 어떻게 생활할 수 있을지를 보여주는 것이 필수적이다.

현실적인 해결이 필요하다

제5장에서 말한 바와 같이, 오염제거는 방사성물질을 없애는 것이라고 잘못 이해하고 있는 사람이 있는데, 방사성물질을 없애는 것은 불가능하다. 오염제거에 관한 올바른 사고방식은 방사성물질이 인체나 생활에 미치는 영향을 최소화하기 위해서는 어떻게 할 것인지를 생각하는 것이며, 그 유일한 방법은 '현장 처리'이다.

현재 오염된 흙 등의 오염물질을 모아서 자신들의 생활권에서 떨어진 장소로 이동하여 보관하는 것을 생각한 조치가 취해지고 있지만, 실제로 일어날 사실을 생각하면 운반을 하든 보관을 하든, 그 실현은 거의 불가능하지 않는가.

실시하는 데 장애가 없고, 더욱이 방사성물질로 인한 영향을 최소화하려면 모두를 한곳에 모을 것이 아니라, 각각의 장소에서 '깊은 구덩이 파서 묻기'로 보관한다는 생각이 현실적이다. 즉, 방사성물질이 섞인 오염된 표토를 얇게 긁어 걷어내 각각의 장소에 깊은 구덩이를 파서 묻고 오염되지 않은 흙으로 그 위를 덮는 방법이다.

후쿠시마 현의 전 면적의 3분의 2를 차지하는 산림의 오염제거는 아직 손을 쓰지 못하고 있다. 주택·학교·사업장 등을 안심하고 사용하기 위해서는 그것들을 둘러싼 광범위한 산림의 오염을 제거해야만 한다. 현재와 같이 주택·학교·사업장의 주위 등, 극히 좁은 범위만을 대상으로 오염을 제거하는 방법으로는 충분한 효과를 얻을 수 없다.

방사성물질에 대한 올바른 대처법을 모두가 이해하고 공유할 필요가 있다. 거기에다 오염제거든 귀환이든, 모두가 납득할 수 있는 방법을 빨리 찾아내 실행하지 않으면 안 된다. 그렇게 하지 않으면 오염제거도 진척되지 않고, 귀환이나 지역부활도 점점 더 멀어질 뿐이다.

④ 재가동을 어떻게 생각할 것인가?

원전에 대한 생각이 바뀐다

현재 원자력발전소는 폐지하자는 기운이 꽤 고조되고 있다. 그러나 이것은 사고 직후에 나오는 일종의 과잉반응이라고 생각된다.

사고 후, 모든 원전이 정지된 뒤 오이大飯 원전을 제외한 모든 원전이 재가동되지 못하고 있다. 일본 각지에서 전력부족 상태가 계속되고 전력요금도 올랐다. 이러한 상태가 계속된다면, 원전사고가 일어나지 않더라도 진행 중인 산업이 점점 허약해지고 엔화가치가 떨어져, 일본은 에너지나 식량을 충분히 수입할 수 없게 될 가능성도 있다. 일본인이 그러한 불편한 내핍생활을 견딜 수 있는가? 그러한 상황에서는 사고가 난 뒤 시간이 경과함에 따라 사회 전체의 사고방식이 변하는 것도 충분히 생각할 수 있다. 앞으로의 원자력발전소를 생각할 때에는 이처럼 사람들의 생각 자체가 변한다는 사실도 염두에 두지 않으면 안 된다.

제2차 세계대전 후, 부흥이 진전되고 경제활동이 활발해짐에 따라, 전기수요가 증가하고 전력이 경제발전이나 생활향상의 제약이 되고 있었다. 그러한 사회상황 아래, 간사이전력은 자본금의 2배나 되는 비용을 들여, 170명의 사망자를 낸 난공사를 하여 구로베가와黒部川 제4발전소를 건설했다. 덧붙이자면 구로베가와 제4발전소의 총발전량은 33.5만kW로, 최신 일본의 원전 한 기 발전량의 약 4분의 1이다. 일본은 전력부족이 계속되는 가운데, 전력부족을 타개하기 위해 1960년대에 원전 도입을 결단한 것이다. 이러한 역사를 되돌아보면, 앞으로 이와 같이 전기를 절실하게 원하는 시대가 또 오지 않을 것이라고는 말할 수 없다.

또, 앞으로 30년이 지나면 이번 사고를 경험했던 세대가 3분의 2 정도 줄어들 뿐만 아니라, 사고를 잘 모르는 세대가 사회의 중심이 된다. 사회 구성원이 바뀌면 사회 전체의 사고방식이 바뀌는 것도 충분히 생각할 수 있다.

사회의 원전에 대한 사고방식이 바뀌는 예로는 앞에서 언급한 미국도 있다.

이처럼 그 시대의 사회 전반의 정세로 인해 원자력발전소에 대한 사회의 사고방식도 변화한다는 사실을 염두에 두어야 한다.

원전은 정말 안전한가

지금까지 원전의 발전비용은 다른 연료와 비교해서 낮다고 말해왔다. 그러나 사고가 발생하자 그렇지 않다는 사실이 밝혀졌다. 필자들은 이번 사고로 인한 손해는 공표되지 않은 부분까지 포함하면, 적어도 50조 엔은 될 것으로 생각한다. 지금까지의 원자력에 의한 누적약 50년 총발전량을 7.5조kWh라고 생각하면, 1kWh당 사고로 인한 손해는 약 7엔이 된다. 사고를 생각하지 않는 원전의 발전비용은 5~6엔/kWh라고 말하고 있지만, 이처럼 사고는 일어날 수 있다고 생각하면 거기에 7엔이 올라가 약 12~13엔/kWh이 된다. 이 숫자를 보면, 원전의 발전비용이 낮다고는 결코 말할 수 없다.

원전의 옳고 그름을 생각할 때는 안전사실은 거짓이었다하고 싸다고 말해 왔던 원전이 사실은 위험하고 고비용이라는 것을 인정해야 한다. 그럼에도 원자력발전을 계속 사용할 것인지 국민 한 사람, 한 사람이 생각해보지 않으면 안 된다.

대체에너지는 가능성이 있는가

앞으로 더욱 증가할 것으로 보이는 전력수요를 전부 화석연료와 재생가능에너지로 조달할 수 있을까. 현재 기술력으로는 일본이 지금까지 원자력발전으로 조달해 왔던 전력수요 전부를 재생가능에너지로 보충할 수는 없다.

그렇다면 그 대체에너지로 발전량을 늘리는 방법은 화석연료밖에 없다.

일본은 연료의 거의 대부분을 수입하고 있는데, 앞으로 그 비용은 더욱 더 증가할 것이고, 발전비용이 올라가 전기요금이 올라갈 뿐 아니라, 에너지원을 외국에 의존하는 취약성이 여러 형태로 드러날 것이라 생각된다.

또 화석연료에 의한 발전효율이 아무리 올랐다 하더라도, 이를 늘린다면 이산화탄소 배출량도 늘게 된다. 지금까지 매우 문제시되어 왔던 이산화탄소 배출량 문제는 사고 후 그다지 들리지는 않게 되었다. 지구환경문제는 어디로 가버린 것일까.

원전정지 후에도 전기는 어떻게든 되지 않을까라고 생각하는 사람들이 있는데, 이것은 긴급대책으로서 노후된 화력발전소 설비를 무리하게 가동시켜 겨우 보충하고 있는 것이다.

현재 일본에서는 탈원전·자연에너지로 전환하고 있는 독일을 선전하는 방향도 있지만, 독일의 이야기를 들어보면 일본에서 생각하고 있는 것과는 꽤 다른 점이 보인다.

우선 알 수 있는 것이, 냉전기에 동서대립의 전선에 있던 지역이었다는 것이다. 핵전쟁의 공포만이 아니라, 옛 소련제 원자력발전소가 가까이 있고, 1987년 체르노빌 사고의 기억이 강하게 자리잡고 있다. 체르노빌 사고에서는 옛 소련 국내만이 아니라, 주변국에도 방사능으로 오염되었던 장소가 있고, 방사성물질을 두려워해 낙농, 버섯이나 산딸기류의 채집을 꺼리는 사태가 지금까지도 계속되고 있다. 이러한 배경 하에서 후쿠시마 제1원전사고 후, 2020년까지 현재 있는 원전 아홉 기를 모두 닫기로 결정하고, 그 분량을 풍력과 태양광 등에 의한 자연에너지로 대체하려고 한다. 그러나 해결해야 할 문제도 산적해 있다.

예를 들면, 독일 북부에서 주로 도입되고 있는 풍력발전은 겨울철 과잉전력을 버릴 곳이 없어, 전력망에 의해 강제적으로 전기를 받아들이게 해서 주변국들과 대립이 발생하고 있다. 또, 독일 남부에서 주로 채용되고 있는 태양광발전은 위도가 높은 입지조건에서는 그리 고효율을 바랄 수가 없고, 발전비용이 상승하여 비싸지는 전기요금에 반발하는 움직임도 많다고 한다. 이러한 문제를 안고 있으면서도 재생가능에너지로 전환을 추진해 가는 방향은 현 단계에서는 변하지 않을 것으로 생각된다.

탈원전을 추진하는 독일의 예를 단순히 이상적이라고 생각해서 예찬하는 것이 아니라, 앞서 말했던 문제점도 포함한 현상을 정확하게 파악하여 일본 현실에 맞춰서 논의를 진행시켜야만 한다.

원자력과 어떻게 함께 갈 것인가

이번 사고는 원자력발전의 역사 중에서도 최대의 실패 중 하나이다. 그러나 원자력 그 자체는 악도 아니고 구세주도 아니다. 위험하다라는 것을 바로 알고 긴장하면서 함께 가야만 하는 것이다. 재가동할 것인지, 폐지할 것인지를 생각하는 데 있어서 그때 그때 풍조에 흔들리지 않고, 앞에서 말한 바와 같은 것을 충분히 고려해서 충분히 논의를 다해야만 한다.

한편, 원전을 정지시키든 재가동하든, 원전에 관한 식견을 항상 최신의 것으로 갱신하고, 원전기술을 살아 있는 상태로 유지해 나가야 한다.

그 이유 중 하나는 후쿠시마 원전사고의 뒤처리를 해야만 하기 때문이다. 다른 하나는 발전을 하지 않더라도 전국 원전의 사용후핵연료를 처리할 문제가 남아 있기 때문이다. 게다가, 신흥국이나 발전도상국에서는 원자력발전이 왕성히 도입되고 있다. 만약 일본에서 원전을 폐지하더라도 다른 국가에서 계속 이용할 때는 원전을 적극적으로 수출산업으로 삼을지는 별개로 치더라도, 일본이 기술을 갖고 있지 않아도 좋은가 하는 문제가 있다. 그리고 상술한 바와 같이, 지금 원전을 재가동하지 않는다는 판단이 내려졌다 하더라도, 수십 년 후에 원자력발전이 다시 필요하게 될 수도 있기 때문이다.

재가동한다면

멈춰 있는 원자력발전소의 재가동에 관해서는 안전성을 확인하는 스트레스 테스트 결과에 문제가 없다면 운전재개를 검토한다는 형태로 움직이고 있다. 그러나 이러한 형태로 운전재개를 하는 것에는 문제가 있다. 미처 생각지 못한 것이나 알아채지 못한 점이 반드시 남아 있기 때문이다. 지금까지의 기본적인 사고방식은 바꾸지 않고 대상물을 바꾸거나 엄격히 확인하는 것만으로는 미처 생각지 못한 부분을 알아챌 수가 없다.

후쿠시마 원전사고가 발생하기 전까지 원자력발전사업에서는 효율 좋고 안정적으로 전기를 일으킬 수 있게 하기 위해서 다양한 기준이나 규칙 등을 마련해 사고를 방지하고, 원자력발전을 더 안전하게 하도록 노력해 왔다. 그러나 쓰나미라는 미처 생각지 못한 요인이 발단이 되어 사고는 일어났다.

원자력발전을 효율적이고 안전하게 하기 위해서, 미처 생각지 못한 부분이 없도록 면밀하게 생각해 준비해 둔다는 순방향의 사고방식만으로는 한계가 있다는 사실을 이번 사고가 가르쳐줬다.

사고는 일어나는 것으로 보고 어떠한 있이 일어날지, 그 피해를 최소화하기 위해서는 어떻게 해야 하는지를 사업자나 규제기관, 정부나 관계 지자체, 국민 모두가 생각해야 한다는 사실을 명심해야만 한다.

그렇게 하기 위해서는, 사고가 일어나지 않도록 하는 것만을 생각하는 '방재'라는 사고방식만으로는 불충분하고, 사고가 일어나는 것을 전제로 한 '감재'를 생각하지 않으면 안 된다.

재가동에 없어서는 안 될 재해감소대책

재가동을 할 때에는 감재대책, 바꿔 말하면 피해확대방지책으로서 이번 사고 때와 같은 규모의 피난훈련을 실제로 해야만 한다.

이번 사고에서는 피난이 원활히 이루어지지 않았다. 예를 들면, 제3장에서 말한 바와 같이, 후타바 정에 있는 후타바병원에서는 이동하기 어려운 환자를 충분한 계획도 없이 피난시켰기 때문에 많은 환자가 피난 도중이나 피난 직후에 사망하는 비참한 사태를 가져왔다. 피난문제를 생각할 때 피난계획이나 피난장소를 준비할 뿐만 아니라, 실제에 가까운 형태로 지역주민 전원이 참가하여 피난훈련을 하는 것이 매우 중요하다. 훈련은 원전 주변 주민에게 훈련을 하여 익히는 움직임뿐만 아니라, 실제로 해봄으로써 가령 피난에 따른 교통혼잡과 그에 대응하기 위한 도로계획의 미비 등 미처 생각지 못한 것을 알아채는 데에도 매우 효과적이다.

또 현재 오염제거로 제거된 토사 등의 보관시설 문제가 잘 해결되지 않고 있고, 오염제거가 생각한 대로 진척되지 않고 있다. 앞서 말한 바와 같이, 방사성물질은 없앨 수 있는 것이 아니라, 시간이 경과해 방사능이 없어지는 것을 기다릴 수밖에 없다. 그것을 어딘가로 이동시키려고 한다면 반드시 이동지역에서 반대운동이 발생해 계획을 세울 수 없다. 따라서 방사성물질은 그 장소에 묻는 등의 처리방법밖에 없다.

재가동할 때에는 사고는 일어나는 것으로 보고, 사고가 일어난 뒤에 오염물질을 어떻게 처리할 것인지에 관해 미리 계획을 수립하고, 그것을 주민에게 주지시켜 이해를 얻어두는 일이 반드시 필요하다.

여기에서 예시했던 대규모 피난훈련과 오염물질 보관계획은 재가동을 하는 데에 반드시 세워야 한다는 것을 이번 사고는 가르쳐 주고 있다.

지금도 어쩔 수 없이 피난을 떠나야 했던 16만 명이나 되는 사람들 대부분이 앞이 보이지 않는 불안을 호소하고 있다. 이런 데서부터 피난만이 아니라, 원래의 생활장소로 돌아가 원래대로 생활할 수 있기까지의 장기간 계획을 미리 생각해 둘 필요가 있다.

5 국민 한 사람, 한 사람이 생각해야 할 일

원자력발전을 재가동할 것인지, 폐지할 것인지를 생각할 때는 일본 장래의 전체상을 생각한 뒤에 충분히 논의해야만 한다. 또 원자력 말고도 위험한 것을 위험하다고 논의할 수 있는 문화를 길러낼 필요가 있다. 그러한 논의를 통해 편리함과 부담이라는 새로운 균형점을 찾아내야만 한다.

이때 중요한 것은 남에게 맡기는 일을 하지 않는 것이다. 국민 한 사람, 한 사람이 일본의 미래에 관한 전체상을 생각하고, 논의에 최선을 다하지 않으면 안 된다. 위험하기는 하지만 충분한 전력을 얻기 위해 원자력은 필요하다 판단하는 것도 그 선택지의 하나이다. 또 앞서 말한 바와 같이, 일본이 산업경쟁력을 잃어버리는 상태가 속도를 더해 에너지나 식량이 궁핍해질 것을 각오하고 원자력 발전을 폐지한다는 것도 그 하나이다.

어떤 것이든 국민 한 사람, 한 사람이 자신의 문제라 여기고 판단할 필요가 있다.

맺으며

정부사고조사위원회의 「최종보고」의 공표는 2012년 7월 23일이었으나, 그 최종판이 완성된 것은 7월 초였다. 따라서 정부사고조사위원회의 실질적인 활동기간은 2011년 6월 초부터 2012년 6월 말까지 13개월간이었다. 원전문제는 단순히 안전이라는 영역뿐만 아니라, 에너지공급시스템을 포함한 사회 전체에 매우 중요한 영향을 미치는 것이기 때문에, 그 사고조사는, 첫째로 보고서 공표까지의 속도, 둘째로 보고서 내용의 수준, 이 2가지 요건을 채울 필요가 있었다. 미국의 스리마일섬 원전사고 조사를 위해 카터 대통령 아래에 설치되었던 소위 케메니위원회는 발족 후 6개월이 지나 보고서를 제출했다. 정부사고조사위원회도 당초 1년 정도를 목표로 보고서를 만들어낼 것을 염두에 두고 활동을 진행했다.

완성된 보고서는 본문만 해도 「중간보고」가 약 45만 1800자, 「최종보고」가 18만 2700자, 둘 다 해서 63만 자가 넘는 방대한 분량이 되었다. 내용적으로도 후쿠시마 원전사고와 관련한 기본적인 사실관계의 해명을 했다는 점에서 일단 합격점을 받을 수 있지 않을까 하는 생각이 든다.

그러나 이 정도의 분량을 단기간에 작성했기 때문에 형식적으로나 내용적으로나 한계가 있는 것도 확실하다. 형식면에서 말하면, 문장을 충분히 생각하여 고치고 다듬지 않고 표현이 부드럽지 못한 곳이 많으며 색인도 첨부되지 않았다. 그 때문에, 이런 보고서를 세상에 낸 사람의 한 사람으로서 책임은 제쳐놓고 말하면, 독자 입장에서 작정하고 덤벼들지 않으면 전부 읽어내기에는 어려운 보고서가 되어 버렸다고 생각한다.

정부사고조사위원회에 임했던 필자 셋이 이 책을 집필하려고 결심한 것도 바로 이 점 때문이다. 즉, 두 보고서의 핵심부분을 가능한 한 많은 사람들이 읽을 수 있도록 간결하게 다시 정리하고 싶었기 때문이다.

이 책은 기본적으로 2개의 보고서를 바탕으로 쓰여졌다. 다만 부분, 부분에 저자들의 개인적 견해도 포함시켰다. 또 정부사고조사위원회의 보고서에서는 정부의 공문서라는 성격 때문에 단정을 피했던 부분이나 평가에 조심했던 부분도 많지만, 이 책에서는 그러한 부분에 관해서도 필자들의 개인적인 식견에 근거하여 평가하였다. 그런 점에서 이 책은 정부사고조사 보고서의 완전한 다이제스트판이 아니다. 이 책에 내용상 혹은 평가상의 잘못이 있다면, 그 최종적인 책임은 필자들에게 있다.

전술한 바와 같이, 정부사고조사보고서는 내용적으로도 한계가 있다. 방사선량이 강했던 이유로 원자로 건물 안으로 들어가서 현지조사를 할 수 없었기 때문에, 후쿠시마 제1원전 주요시설의 손상이 생긴 곳이나 정도, 노심손상의 상태, 수소나 방사성물질의 누출경위 등을 해명하지 못하고 있다. 주민들의 건강에 미칠 영향, 농축수산물 등이나 공기·토양·물 등의 오염문제, 지방자치체의 긴급시 대응의 문제점에 관해서도 2012년 5월 현재까지의 조사·검증에서 멈출 수밖에 없었다. 또 원자력기술의 내력이나 일본의 원자력정책의 변모에 관련한 문제점에 관해서도 조사하지 않았다. 그리고 정부사고조사위원회 발족 당시, 학회·대학·연구기관 등 학계가 담당했던 공죄나 원자력 플랜트 제작자의 역할 등에 관해서도 조사대상이 되어야 한다는 논의는 있었으나, 이들 문제도 시간적 제약 때문에 검증하지 못했다.

바꿔 말하면, 정부사고조사위원회 보고서는 ① 3월 11일부터 약 1개월 정도 사이에 후쿠시마 제1원전 지역 내에서 발생한 사태와 도쿄전력의 긴급사태 대처, ② 원전 지역 외의 주민피난 실태를 포함한 피해확대의 상황, ③ 정부의 긴급사태 대응의 상황과 문제점, ④ 1990년대 이후 정부의 원자력안전 규제의 문제점에 관하여, 앞으로 행해져야 할 전체 해명의 기반이 되는 기초적 사실을 차근차근 골라낸 것뿐이다. 따라서 정부나 도쿄전력, 그리고 관련 학회 등 관계조직은 후쿠시마 원전사고에 관련한 해명되지 않은 문제에 관해서 각각의 입장에서 포괄적이고 철저한 조사를 계속해야만 한다. 특히 정부는 정부사고조사위원회나 국회사고조사위원회의 활동이 끝났다고 해서 후쿠시마 원전재해에 관한 조사·검증을 끝낼 것이 아니라, 계속해서 그 원인 규명에 주도적으로 노력해야 할 것이다. 그것은 국제사회에 대해서도 다해야 할 책임이기도 하다.

제4장에서 말한 바와 같이, 정부사고조사위원회는 2012년 2월 24, 25일 이틀간 「중간보고」의 국제적인 전문가평가를 받기 위해 도쿄에서 해외 전문가를 초청한 「국제전문가초청회의」를 개최했다. 이 회의에서 필자가 인상을 강하게 받았던 해외 전문가의 지적 2가지가 있다. 하나는 제4장에서 다뤘던, 작업원에게 선량계를 장착시키지 않은 채 작업에 종사하게 했던 문제이다. 다른 하나는 프랑스원자력안전위원회 위원장인 앙드레 클로드 라코스트 씨의 '나는 다음에 큰 원자력사고가 일어난다면 일본일 것이라고 생각했다'라고 했던 발언이다. 회의 사이에 라코스트 씨에게 그 근거가 무엇인지 질문을 했을 때, 일본의 안전규제가 세계표준에 크게 못미쳐 있다는 것을 염려해 이렇게 발언한 것이라 했다. 이 지적은 심각하게 받아들이지 않으면 안 된다. 새롭게 발족한 원자력규제위원회의 가장 중요한 임무는 일본의 안전규제 수준을 하루 빨리 국제적인 표준까지 올려야 할 것이다.

이 책을 간행할 수 있었던 것은 많은 사람들의 협력이 있었기 때문이다. 우선, 정부사고조사위원회에서 함께 조사·검증작업에 임했던 위원 여러분, 그중에서도 방사선방호가 전문인 가키누마 시즈코柿沼志津子 씨, 후쿠시마 현 가와마타 정 정장인 후루카와 미치오古川道郎 씨, 논픽션 작가인 야나기다 구니오柳田邦男, 그리고 활발하게 기초조사에 노력해 보고서의 작성에 크게 공헌해 준 오가와 신지小川新二 씨 등 약 30명의 사무국 직원 여러분에게 감사의 뜻을 전하고자 한다.

마찬가지로 정부사고조사위원회의 고시즈카 세이이치越塚誠一 도쿄대학 교수를 비롯한 정책·기술조사에 참여한 사무국 전문가 여러분, 또한 필자가 근무하는 간사이대학 사회안전학부 가와타 요시아키河田惠昭 교수와 오자와 마모루小澤守 교수 등 방재, 지진, 쓰나미, 열공학, 리스크 커뮤니케이션을 전공하는 동료 교수들에게도 전문적인 조언을 받았다. 특히 하타무라창조공학연구소의 직원 여러분들에게도 작도 등의 실무작업에 많은 도움을 받았다. 여기에 감사의 마음을 전한다.

마지막으로, 고단샤講談社 현대신서 출판부장 다나카 히로시田中治史 씨에게도 신세를 많이 졌다. 다나카 씨에게는 단순히 편집·출판작업으로 신세진 것뿐만 아니라, 이 책을 집필하기 위한 공부모임에 매일 출석해서 편집자의 관점에서 정확한 조언을 해주었다. 다시 한 번 감사의 말씀을 전한다.

2013년 3월 11일
동일본대지진 발생 만 2년을 맞는 날에
아베 세이지

후쿠시마(福島) 현 행정구역명

● 후쿠시마 제1원전
■ 후쿠시마 제2원전

니가타(新潟) 현

기타카
(喜多

니시아이즈 정
(西会津)

아이즈반가
(会津坂

미시마 정
(三島)

아이
미사토
(会津美

가네야마 정
(金山)

야나이즈 정
(柳津)

쇼와 촌
(昭和)

시

다고쿠라호

다다미 정
(只見)

미나미아이즈 정
(南会津)

히노에마타 촌
(檜枝岐)

군마(群馬) 현

도치키(栃木) 현

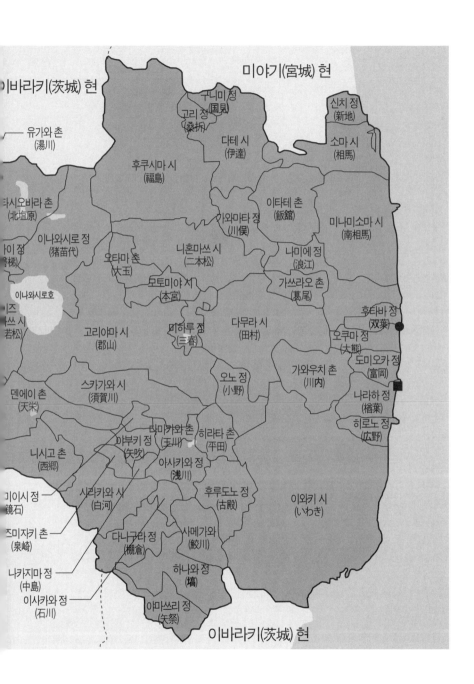

미야기(宮城) 현

이바라키(茨城) 현

유가와 촌
(湯川)

구니미 정
(国見)

고리 정
(桑折)

다테 시
(伊達)

신치 정
(新地)

소마 시
(相馬)

후쿠시마 시
(福島)

기타시오바라 촌
(北塩原)

이나와시로 정
(猪苗代)

반다이 정
(磐梯)

이타테 촌
(飯舘)

가와마타 정
(川俣)

미나미소마 시
(南相馬)

오타마 촌
(大玉)

니혼마쓰 시
(二本松)

나미에 정
(浪江)

이나와시로호

아이즈
와카마쓰 시
(若松)

모토미야 시
(本宮)

가쓰라오 촌
(葛尾)

고리야마 시
(郡山)

미하루 정
(三春)

다무라 시
(田村)

후타바 정
(双葉)

오쿠마 정
(大熊)

도미오카 정
(富岡)

덴에이 촌
(天栄)

스카가와 시
(須賀川)

오노 정
(小野)

가와우치 촌
(川内)

나라하 정
(楢葉)

히로노 정
(広野)

니시고 촌
(西郷)

다마카와 촌
(玉川)

야부키 정
(矢吹)

히라타 촌
(平田)

기이시 정
(鏡石)

시라카와 시
(白河)

아사카와 정
(浅川)

후루도노 정
(古殿)

이와키 시
(いわき)

이즈미자키 촌
(泉崎)

다나구라 정
(棚倉)

나카지마 정
(中島)

사메가와
(鮫川)

이시카와 정
(石川)

하나와 정
(塙)

야마쓰리 정
(矢祭)

이바라키(茨城) 현

후쿠시마 현 행정구역명 **243**

찾아보기

참고문헌·자료

각 사고조사보고서

- 국회·도쿄전력 후쿠시마원자력발전소 사고조사위원회, 보신서, 2012년
- 정부·도쿄전력 후쿠시마원자력발전소 사고조사·검증위원회, 중간보고, 2011년
- 정부·도쿄전력 후쿠시마원자력발전소 사고조사·검증위원회, 최종보고, 2012년
- 도쿄전력주식회사, 후쿠시마원자력 사고조사보고서, 2012년
- 후쿠시마원전사고 독립검증위원회, 조사·검증보고서, Discover21, 2012년

문헌

- 아사야마산록(淺間山麓)매몰촌락종합조사회, 도쿄신문 편집국 특별보도부 공편, 『쓰마고이·일본의 폼페이』, 도쿄신문 출판국, 1980년
- 에노모토 도시아키(榎本聰明), 『원자력발전을 잘 알 수 있는 책』, 옴사, 2009년
- 오마에 겐이치(大前研一), 『원전재가동 최후의 조건·「후쿠시마 제1원전」 사고검증프로젝트 최종보고서』, 쇼가칸, 2012년
- 기타자와 고이치(北澤宏一), 『일본은 재생가능에너지대국이 될 수 있을까』, Discover21, 2012년
- 나카가와 게이치(中川惠一), 『방사선과의사가 말하는 피폭과 발암의 진실』, 베스트신서, 2012년
- 쓰네오 후타미(二見常夫), 『원자력발전소의 사고·트러블-분석과 교훈』, 마루젠, 2012년
- 부흥청, 『동일본대지진에서의 지진관련사의 사망자수』, 2012년 11월 2일 보도발표자료
- 러시아정부보고서, 『체르노빌사고 25년 러시아에서의 영향과 후유증 극복에 관한 총괄 및 전망 1986-2011』, 2011년
- 『토양-식물계에서의 방사성세슘의 거동과 그 변동요인』, 독립행정법인 농업환경기술연구소 연보 31, 2012년

영상

- NHK「NHK스페셜 원전위기-사고는 왜 심각하게 되었는가」, 2011년
- NHK「ETV특집 미국에서 본 후쿠시마원전사고」, 2011년
- NHK「NHK스페셜 멜트다운-후쿠시마 제1원전 그 때 무슨 일이-」, 2011년
- NHK「다큐멘터리-WAVE 국제사회에서 본 후쿠시마원전사고」, 2012년
- NHK「NHK스페셜 멜트다운·연쇄의 진상」, 2012년

지은이 소개

하타무라 요타로(畑村洋太郎)
도쿄전력 후쿠시마원자력발전소 사고조사검증위원회 전 위원장. 소비자안전조사위원회 위원장, 도쿄대학 명예교수, 공학원대학 교수, 공학박사. 1941년생. 도쿄대학 대학원 석사과정 졸업. 도쿄대학 교수를 거쳐 현직. 전공은 창조학, 실패학, 위험학. 저서로『실패학의 추천』(고단샤),『직관으로 알 수 있는 수학』(이와나미서점),『미증유와 예상외』(고단샤 현대신서) 등 다수.

아베 세이지(安部誠治)
도쿄전력 후쿠시마원자력발전소 사고조사검증위원회 검증위원·전 기술고문. 간사이대학 사회안전학부 교수, 공익사업학회 회장. 운수안전위원회 업무개선지식인회의 좌장. 오사카시립대학 상학부 조교수 등을 거쳐 현직. 전공은 공익사업론, 교통정책론, 사고조사론. 저서로『신칸센이 위험하다!』(세카이서원),『철도사고의 재발방지를 위하여』(감저(監著), 일본경제평론사) 등.

후치가미 마사오(淵上正郎)
도쿄전력 후쿠시마원자력발전소 사고조사검증위원회 전 기술고문. (주)고마쓰제작소 고문, 도쿄대학 비상근 강사, 공학박사. 1949년생. 도쿄대학 대학원 석사과정 졸업. 전공은 건설기계, 주조기계, 산업용 로봇. 저서(공저)로 본서의 자매서인『후쿠시마원전에서 무슨 일이 일어났는가-정부사고조사위원회 기술해설』(일간공업신문사) 등.

옮긴이 소개

김해창(金海蒼)

경성대학교 환경공학과 교수. 부산시 원자력안전대책위원회 위원, 탈핵에너지교
수모임 공동집행위원장. (사)시민정책공방 도시환경안전센터장. 부산대학교 경제
학박사(환경경제학). 국제신문 환경전문기자, (재)희망제작소 부소장 역임. 전공
은 기후변화정책학, 환경가치평가, 탈핵에너지전환론. 저서로는 『저탄소 대안경
제론』, 『저탄소경제학』, 『후쿠시마가 본 체르노빌 26년째의 진실 그리고 부산』,
『일본, 저탄소사회로 달린다』, 『환경수도 프라이부르크에서 배운다』 등 다수. 번
역서로는 『디자인이 지역을 바꾼다』 등. E-mail: hckim@ks.ac.kr

노익환(盧益煥)

야마구치 동아시아연구과 연구원. (사)시민정책공방 도시환경안전센터 연구위
원. 동아대학교 사학과 졸업. 일본 국립야마구치(山口)대학 인문과학연구과 석사.
2014년 동 대학원 동아시아연구과 박사. 박사학위 논문 「전전기(戰前期) 일본육군
의 국민동원에 관한 연구」. E-mail: nohik@daum.net

류시현(柳始賢)

계명대학교 국경연구소 전임연구원. (사)시민정책공방 도시환경안전센터 연구위
원. 서울시립대학교 국제관계학과 졸업. 일본 히토츠바시 대학 대학원 법학연구
과 정치학박사. 미국 컬럼비아 대학교 웨더헤드(Weatherhead) 동아시아연구원
박사후 연구원. 박사학위 논문 「부패방지의 국제규범 형성 프로세스 - 부패방지
를 둘러싼 국제조약 성립과 유엔, NGO)」. 번역서로 ナムリ著, 『韓国でいちばん親し
まれている韓国料理の本』武田ランダムハウスジャパン(2010.2). E-mail: politique@
hanmail.net

안전신화의 붕괴
후쿠시마 원전사고는 왜 일어났나

안전신화의 붕괴
후쿠시마 원전사고는 왜 일어났나

안전신화의 붕괴

후쿠시마 원전사고는 왜 일어났나

안전신화의 붕괴
후쿠시마 원전사고는 왜 일어났나